STADT
WEGE

Verlag

der kölner kinderstadtführer

mit Texten von Silke Schulze, Anna Geppert,

Christian Hülsmeier, Gabriele Schwietering

Illustrationen & Gestaltung

von Helge Windisch

Impressum:

© by Stadtwegeverlag, 1997
Maastrichter Str. 26, 50672 Köln
alle Rechte vorbehalten

Kein Teil des Werkes darf in irgendeiner
Form ohne schriftliche Genehmigung
des Verlages reproduziert oder unter Verwendung
elektronischer Systeme verarbeitet, vervielfältigt
oder verbreitet werden.

Texte: Silke Schulze, Anna Geppert,
Christian Hülsmeier, Gabriele Schwietering, Köln

Gestaltung und Illustrationen: Helge Windisch, Köln

Gesamtherstellung: Schloemer & Partner, Düren

ISBN 3-930-446-21-9

Willkommen, liebe Kinder,

Hallo! Wir sind Griselda und Gereon:

Giraffen, wie unsere langen Hälse schon verraten.
Wir sind eine Attraktion hier im Kölner Zoo.
Giraffen leben zwar normalerweise in Afrika,
wir sind aber in Köln zu Hause. Jeden Tag sehen wir
von weitem das Wahrzeichen von Köln, den Dom
mit seinen herrlichen, langen Zwillingsspitzen.
Die sind ja fast so lang wie unsere Hälse!
In einer Stadt mit einem so schönen Dom
gibt es sicher noch mehr zu entdecken.
Darum wollen wir uns heute endlich
einmal Köln ansehen. Komm doch mit!
Wir haben nämlich unseren freien Tag.
Vielen Dank, Herr Zoodirektor!

Zu diesem Buch und Stappl, dem Stadtplan

Bevor du nun aber mit Griselda und Gereon und deinem Stadtführer losziehst, noch ein paar Tips: Weißt du, wie du dich leicht in der Stadt zurechtfindest? Am besten benutzt du natürlich einen Stadtplan. Aber weißt du auch, wie man einen Stadtplan liest? Das ist nicht ganz leicht. Vielleicht hast du ja große Geschwister, die das schon können, oder deine Eltern erklären es dir. Eine tolle Sache ist der Kinderstadtplan, "Stappl", den es im Buchladen gibt, mit dem du spielend Stadtplan lesen lernst und dich in Köln orientieren kannst. Die Zeichen und Symbole aus diesem Buch findest du im "Stappl" wieder.
Eine andere wichtige Sache, an die du denken musst ist, dass sich Preise und Öffnungszeiten

ständig ändern können und deshalb rufst du besser vorher dort an, wo du hin möchtest.

Und noch etwas!
Manche Dinge sehen in Wirklichkeit anders aus, als auf unseren Bildern. Der Zeichner hat ein paar Fehler eingeschmuggelt. Ob du sie wohl findest?
So, gleich kann es nun wirklich losgehen! Du sollst jetzt natürlich noch wissen, was du alles in diesem Buch erfährst und wohin dich Griselda und Gereon begleiten
und führen.

INHALT

S. 10

Das Schönste mitten in Köln für Kinder

In diesem Kapitel machen Griselda und Gereon eine kleine Rundtour durch die Kölner Innenstadt: Zoo, Seilbahn, Rheinpark, Bimmelbahn, Rhein, Rheinwiesen, Häfen, Rheingarten, Brunnen im Rheingarten, Rheintreppe, Roncalliplatz, Zirkus Roncalli, Römisch-Germanisches Museum & Altstadtplätze.

S. 36

Kölner Geschichte(n)

In diesem Kapitel erfährst du allerlei über die Geschichte Kölns, aber auch Geschichten, die man sich in Köln erzählt. Die Geburt Kölns; Die römische Stadt; Hilfe, die Franken kommen; Die Karolinger; Erzbischof Anno; Die Romanischen Kirchen; Der Dom; Die Löwensage; Die Geschichte von der Hl. Ursula, die vom Deutzer Bock und noch viele mehr.

Tips, Adressen und Termine

S. 97

Museen, Kino, Theater und Musik

Hier findest du Informationen über Theater, wo für - und manchmal auch mit - Euch gespielt wird, du findest Kinos, in denen Filme extra für Kinder gezeigt werden, die Adressen von einzelnen Museen mit Angeboten für dich und wo du tolle Konzerte hören kannst.

S. 126

Vergnügen in der ganzen Stadt
Raus aus dem Haus
In diesem Kapitel sind viele Ideen dazu, wie du selbst ein Künstler werden kannst und was sonst noch in deiner Freizeit Spaß macht: Ausflüge, Wandertage, Ferienaktivitäten, besondere Erlebnisse und viele Freizeitangebote, die du regelmäßig wahrnehmen kannst.

 S. 174

Was ist in den Kölner Stadtvierteln los?
Hier erfährst du, was du in den Stadtteilen alles machen kannst. Wo du in deinem Stadtteil schwimmen gehen kannst oder wo du Bücher ausleihen kannst. Wo du im Stadtteil von deinem Freund oder deiner Freundin Spielplätze findest oder was du dir in anderen Stadtteilen mal anschauen willst.

 S. 212

Praktische Tips
Hier findest du nützliche Tips und Informationen. Über den "Stappl", Zeitschriften und das Kinderamt, die Kölner Ferienzeitung, das Kindertelefon, Fundbüros, was du tun kannst, wenn du dich verlaufen hast, ein kleines Alphabet der Kölschen Sprache, wichtige Adressen und Buchtips über Köln.

Das Schönste für Kinder mitten in Köln

Griselda und Gereon, unsere neuen Freunde, machen sich mit ihren staksigen Beinen auf den Weg. Um ihnen zu folgen, brauchst du aber keine Stelzen! Die beiden Giraffen haben es auch nicht eilig. Sie wollen sich Zeit nehmen:
Für das Schönste mitten in Köln.

Nun, woher wissen aber Giraffen, die sonst eigentlich in Afrika leben, was das Schönste in Köln ist? Sie haben sich natürlich erkundigt. Bei den Kindern, von denen sie tagtäglich im Zoo besucht werden. Denn Griselda und Gereon sind nicht dumm. Sie haben sich ganz richtig überlegt: Wo Kinder Spaß haben, ist jede Stadt am schönsten. Giraffen sind übrigens besonders neugierige Tiere.

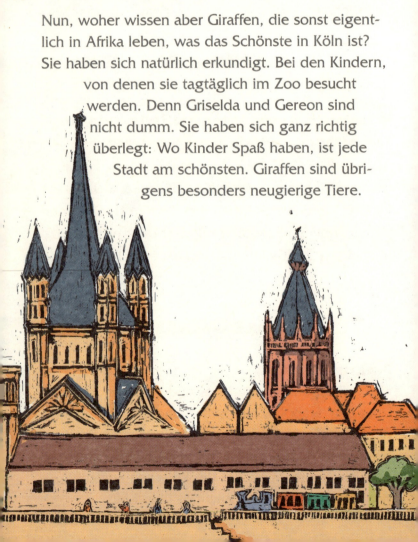

Das Schönste in Köln

Darum haben sie auch einen so langen Hals: Damit ihnen nichts entgeht. Kein Wunder also, dass sich Griselda und Gereon in Köln nicht nur umsehen. Aufmerksam lauschen sie mit ihren Ohren auch den vielen lustigen und spannenden Geschichten, die es über Köln zu erzählen gibt. Wir wollen mit ihnen lauschen, da, wo Köln am schönsten ist

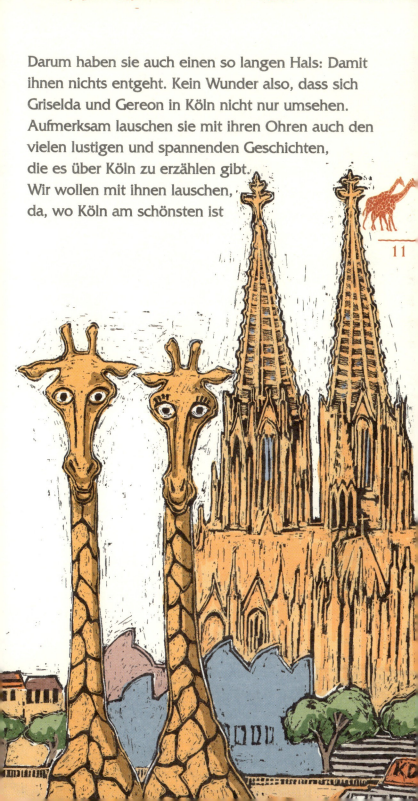

Der Kölner Zoo

Als erstes schauen wir uns noch ein bisschen im Zoo um, da ist es nämlich auch sehr schön.
Als eure Großeltern noch Kinder waren, haben auch sie schon den Kölner Zoo besucht.
Er ist über 100 Jahre alt, der drittälteste in Deutschland. Heute haben beinahe 7.000 Tiere dort ihr Zuhause, genauso wie Griselda und Gereon.
Die beiden Giraffen beneiden besonders die Schimpansen und Gorillas um das neue Urwaldhaus und das neue Freiluftgehege.
Dort leben Affen fast wie in ihrer ursprünglichen Heimat und können richtig viel Spaß haben.

Das Elefanten-Haus ist im maurischen Stil erbaut, also irgendwie afrikanisch, sehr schön, und einer der Elefanten darf sogar manchmal auf einer Staffelei malen, damit er sein Heimweh vergisst. Die großen Wildkatzen haben übrigens auch neue Gehege bekommen, die ein bisschen so nachgebaut sind wie die Landschaften, in denen sie ursprünglich leben. Die Idee ist, daß sich die Tiere im Zoo richtig wohlfühlen. Manche Tierarten, die es in der Wildnis kaum noch gibt, sollen im Zoo auch Kinder kriegen,

Das Schönste in Köln

die später vielleicht wieder in ihrer ursprünglichen Heimat oder in anderen Zoos leben können. Für Krokodile, Schlangen und Fische gibt es ein Extra-Gebäude, das Aquarium. Die Fütterung der Krokodile und Piranhas hier ist besonders interessant.

Im Zoo kannst du immer ganz viele Kinder treffen, einfach weil es so viel Spannendes zu sehen gibt. Den meisten Spaß macht es, das tägliche Füttern bei den Seehunden und Seelöwen zu beobachten, die machen dann immer Kunststücke. Die Fütterung der Mantelpaviane am Affenfelsen ist auch ein besonderes Erlebnis.
Am Zooeingang steht angeschlagen, wann die Fütterungen der Tiere sind, so dass du dich darauf einstellen kannst. Überhaupt gibt es im Zoo viele Angebote für dich, extra Führungen und Veranstaltungen: Jeden Sonntag *um 11⁰⁰ Uhr* findet eine kostenlose Führung für Kinder statt. Auch eine Zooschule gibt es, wo du viel über die Tiere erfahren kannst.

Vor Weihnachten kommt der Nikolaus in den Zoo, am 5. Dezember. Nikolaus und Knecht Ruprecht besuchen dann mit Kindern die Tiere, die von Pflegern gefüttert werden, und erzählen dazu Geschichten. Bei einer anschließenden Feier in der Zooschule gibt's etwas zu essen und kleine Geschenke vom Nikolaus. Da musst du dich aber lange vorher anmelden und auch Geld bezahlen, der Nikolaus braucht ein bißchen Unterstützung.

Deinen Geburtstag kannst du auch im Zoo feiern. Die Zooleute geben sich da ganz viel Mühe. Das kostet aber auch etwas, und du musst vorher Bescheid geben! Das geht montags und donnerstags bei Frau Waldermann von *15 bis 17 Uhr*, Tel. 0221/7785121.

Einen schönen Spielplatz gibt es im Zoo auch. Und auf dem Spielplatz steht eine echte alte Dampflok und viele tolle Klettergerüste. Hier lohnt es sich, eine Pause zu machen. Den Zoo findest du im Norden der Kölner Innenstadt. Hier die Adresse:

Das Schönste in Köln

Kölner Zoo,
Riehler Straße 173
50735 Köln.
Geöffnet ist der Zoo im Sommer von 9-18 Uhr und im Winter von 9-17 Uhr
Der Eintritt kostet für dich DM 7,50.-
Hinter dem Zoo in Richtung Norden beginnen die Rheinauen, wo du prima mit Freunden spielen kannst! Aber nun wollen wir sehen, was Griselda und Gereon machen.
Sie gehen nämlich zu einem kleinen Häuschen, das du vom Zooeingang aus sehen kannst, und versuchen mit ihren langen Beinen, in eine Art Kabine einzusteigen. Ja, von hier geht nämlich eine Seilbahn ab, nicht die Berge hoch, sondern über den Rhein!

15

Die Rhein-Seilbahn

Schwebend erreichen Griselda und Gereon das andere Rheinufer. Bequem sind die kleinen Gondeln der Seilbahn für Giraffen nicht gerade. Trotzdem mussten sie auch DM 5,- für die Fahrt bezahlen, genau wie du. Doch vom Zoo aus lässt sich der Rhein nicht schöner überqueren: sanft schaukelnd in 50 Meter Höhe. Keine Angst, es kann nichts passieren. Seit 30 Jahren schon schunkelt die einzige Stromgondelbahn Europas einwandfrei von einem kölschen Ufer zum anderen. Das Tollste ist der Blick auf den Dom und die Altstadt: Wunderbar!
Und dann landen wir im mitten im Rheinpark.

Der Rheinpark

Links und rechts der Zoobrücke auf der rechten Rheinseite, immer dem Flussufer entlang, liegt der Rheinpark.

Das Schönste in Köln

Griselda und Gereon sind sofort von den weiten Grünflächen, den vielen Brunnen und den hohen alten Bäumen begeistert. Schade nur, dass man in den Buchten am Rhein heute nicht mehr baden kann wie Oma und Opa früher. Aber picknicken, Schiffe zählen und Drachen steigen lassen, das kannst du hier immer noch!

Folgst du den Wellen Richtung Mülheim, entdeckst du auf einer schmalen Halbinsel einen verwunschenen Auenwald. Dahinter versteckt sich ein kleiner Hafen mit einer alten Werft: Hier werden Ausflugsboote der Weißen Flotte, also die weißen Schiffe von der Köln-Düsseldorfer Schifffahrtsgesellschaft, repariert.
Jetzt aber zurück zur Zoobrücke. Dort nehmen wir wieder eine Seilbahn, nur statt der Gondeln hängen nun Sessel am Seil. Der kleine Sessellift trägt uns an das andere Ende des Rheinparks.

Bimmelbahn und Wellenrutsche

Griselda und Gereon warten auf dich nahe dem Tanzbrunnen. Unter den merkwürdigen Zeltdächern, die aussehen wie zu groß geratene Eisbecher, haben vor vielen Jahren - in den 50ern und 60ern - wahrscheinlich auch deine Eltern schon getanzt. Heute finden hier häufig Veranstaltungen und Konzerte statt, manchmal auch für Kinder. Nur ein paar Meter sind es nun bis zur Station der kleinen Bimmelbahn. Ratternd und laut pfeifend folgt dieses Bähnlein der Schienenrunde durch den Rheinpark. Am Mittwoch kostet die Fahrt übrigens eine Mark weniger als sonst, nur DM 2,50. Die Bimmelbahn hat verschiedene Haltestellen. Auf jeden Fall solltest du den Spielplatz besuchen: Die Wellenrutsche am Kletterberg ist super!

Griselda und Gereon wollen nun aber weiter und zwar Richtung Dom. Aber wie kommen sie zurück auf die andere Rheinseite? Am besten gehst du mit ihnen am Ufer entlang Richtung Eisenbahnbrücke. Kurz vorher legt eine kleine Fähre an. Unentwegt pendelt das Schiffchen im Sommer von Ufer zu Ufer, zwischen all den strom ab- und stromaufwärts schippernden Lastkähnen hindurch.

Das Schönste in Köln

Der Rhein

Das war eine gute Idee! Griselda und Gereon haben beschlossen, von einem Boot aus einen Blick auf Köln zu werfen. So entdecken sie Kölns Schokoladenseite. Schon die Römer, die Kirche und die reichen Kaufleute: Alle haben sie ihre schönsten Häuser am Rheinufer errichtet. Direkt unter der Hohenzollernbrücke, der Eisenbahnbrücke also, startet eine Rheinrundfahrt. Etwa eine Stunde dauert die Schiffahrt erst rheinabwärts nach Mülheim, dann rauf - gegen die Strömung - nach Rodenkirchen, im Süden Kölns, und zurück. Kaum vorstellbar, daß der gemütliche Vater Rhein die Kölner manchmal wirklich ärgert. Regelmäßig holen sie sich bei Hochwasser nicht nur nasse Füße. Dann sind ganze Stadtviertel, die Altstadt zum Beispiel, überschwemmt. Wer dort wohnt, kommt ohne Schlauchboot nicht aus.

Im Jahr 1784 waren sogar der Heumarkt, Alter Markt und Waidmarkt überflutet. Damals war der Pegelstand des Rheins von normal etwa 5 Meter auf über 13 Meter gestiegen.

Trotz seiner unberechenbaren Launen verdanken die Kölner dem Rhein doch sehr viel. Der Fluss war bereits in früher Zeit ein wichtiger Transportweg, zum Beispiel für holländische Händler.
Deshalb haben die Kölner auch schon immer lieber Meeres- als Flussfisch gegessen.
Griselda und Gereon wundern sich, dass es in Köln so viele Straßennamen mit "bach" gibt: Wie kommt es nur, daß die Kölner Bäche kein Wasser führen?
Tatsächlich: Im Duffesbach, Weidenbach, Rothgerbach, Blaubach, Mühlenbach und Filzengraben strömt allein der Autoverkehr. Was unsere Giraffen nicht wissen: Früher, schon zu Zeiten der Römer, floss hier der Duffesbach bis hinunter zum Rhein. Er brachte der Stadt frisches Wasser aus dem Vorgebirge. Nicht nur zum Trinken war es da. Auch zum Gerben und Färben von Fellen und Stoffen. Darum haben die Gerber und Färber in Köln entlang des Baches gewohnt und gearbeitet. Daran erinnern heute auch noch die Straßennamen.

Das Schönste in Köln

Aber den Duffesbach gibt es immer noch. Er fließt unterirdisch in einem Kanal bis in den Rheinauhafen: eine schaurige Dreckbrühe.

Schon zu Zeiten der Römer gab es einen Hafen direkt vor der damaligen Stadt. So wie heute der Rheinauhafen. Da kannst du heute übrigens schön spazieren gehen und dir tolle Sachen ansehen: Sportboote, die alte, noch funktionierende Drehbrücke, die jetzt zum Schokoladenmuseum führt, die alten Hafengebäude, aber auch ganz schöne Hafenkräne, die heute kaum oder gar nicht mehr in Betrieb sind. Teilweise sind sie als Denkmäler geschützt, und vor 100 Jahren wurden mit ihnen die Schiffe ausgeladen.

Die Rheinbrücken

In Köln musste früher von großen auf kleinere Schiffe umgeladen werden, weil der Rhein von hier ab bis zu seiner Quelle nicht so tief war. Heute ist der Rhein zwar ausgebaggert, aber damals war das flachere Wasser für den Brückenbau von Vorteil. Sieben Brücken verbinden jetzt die beiden Rheinseiten in Köln.

Die spannendste, und Griselda und Gereon finden auch die schönste, ist die Hohenzollernbrücke, die der Preußen-König Friedrich Wilhelm IV. vor ungefähr 100 Jahren bauen ließ. Zug um Zug rollt heute über diese erste Eisenbahnbrücke. Jedesmal bebt das Stahlgerüst unter der schweren Last. Du kannst das selber spüren, denn nah bei den Schienen führt auch ein Fahrrad- und Fußweg entlang.
Griselda und Gereon wackeln nach der Bootsfahrt mit ihren langen Beinen über die Brücke.

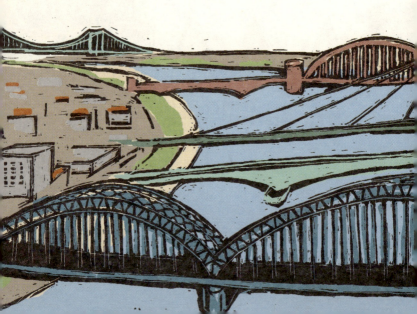

Das Schönste in Köln

Bevor sie durch den Rheingarten in Richtung Dom gehen, wollen sie ihn noch einmal von der anderen Rheinseite aus, dort, wo ein großes Hotel steht, anschauen. Von hier aus kannst du Kölns "Postkartenblick" genießen. Fast alle Fotografen und Fernsehleute machen von dem Platz vor dem Hotel die Fotos vom Dom und der Altstadt, eine tolle Ansicht!

Nun aber schnell über die Brücke zurück. Jetzt stehen Griselda und Gereon auf dem Heinrich-Böll-Platz, von dem aus sie durch die hohen Fenster in das Museum Ludwig schauen können. Manchmal kann man Giraffen tatsächlich um ihre langen Hälse beneiden, denn in dem Museum gibt es gerade eine Führung für Kinder, und Griselda und Gereon gehen ein Stückchen vom Fenster aus mit und können alles genau sehen. Eine spannende Führung! Aber darüber erfährst du später etwas mehr.

Genau unter den Giraffen befindet sich jetzt die Philharmonie. Auf dem Platz davor ist das Skateboard- und Inline-Skates fahren verboten, weil sonst den Musikern in der Philharmonie sozusagen "die Ohren abfallen". Das dröhnt nämlich ganz wahnsinnig. Die Architekten des Museums und der Philharmonie und die Verwaltungsleute der Stadt überlegen sich, wie sie wohl nach oben hin die Halle nachträglich vor Lärm schützen können, das haben sie nämlich beim Bauen vergessen! In der Philharmonie gibt es auch manchmal Konzerte nur für Kinder. Vielleicht verabredet ihr euch mal mit Freunden, um dort hin zu gehen.

Ob Griselda und Gereon wohl ganz leise über den Platz gehen können? Nein, es klackert! Nur schnell weg hier! Mit dem Schwung der langen Beine stolpern Griselda und Gereon dann die große Treppe hinunter, immer vier Stufen auf einmal, zum Rheingarten.

Das Schönste in Köln

Der Rheingarten

Er wurde in den 80er Jahren anstelle der früheren breiten, belebten Straße angelegt. Der Verkehr der ehemaligen Straße wurde eine "Etage" tiefer in den neu erbauten Rheinufertunnel verlegt. Bei Hochwasser wird er hermetisch geschlossen und hat schon mehrfach den Wassermassen standgehalten. Der Rheingarten liegt also direkt über dem Rheinufertunnel und Du kannst heute zwischen dem Rhein und der Altstadt ungestört von Autos spielen. Der Brunnen im Rheingarten ist die größte Attraktion und der Treffpunkt für Kinder. Dort fließt das Wasser wie ein Bach in seinem Bett. Trockenen Fußes von Stein zu Stein zu springen, scheint leicht zu sein. Aber an schönen Tagen mit vielen Besuchern dauert es nicht lange, bis die ersten übermütigen klatschnass sind und die Klamotten wechseln müssen.

Zur großen Freude ihrer Eltern und aller Zuschauer! Der Plattenweg im Rheingarten geht übrigens genau da entlang, wo früher die alte Stadtmauer verlief. Das Törchen dort nannten die Kölner "Schlupfloch", und die alten Steine, die direkt hinter dem Brunnen zu der Straße zur Philharmonie hinauf führen, sind alte Steine einer Römerstraße. Etwas weiter oberhalb, direkt neben dem Römisch-Germanischen Museum, ist noch ein ganzes Stück Römerstraße nachgebaut. Da staksen Griselda und Gereon auch schon lang, über den Roncalli Platz zum Römisch-Germanischen Museum. Du findest es direkt neben dem altehrwürdigen Dom. Diese Schätze wollen sie sich aber erst später ansehen. Jetzt wollen die Giraffen "skaten". Ob sie das wohl können?

Roncalli-Platz

Der Roncalli-Platz gehört den Kindern. Im Schatten der Domtürme treffen sich hier die Jungen und Mädchen der Stadt mit Skateboard und Inline-Skates. Nirgendwo lässt es sich besser fahren.

Das Schönste in Köln

Griselda und Gereon bestaunen das Geschick der Kinder und Jugendlichen genauso wie die vielen Touristen aus der ganzen Welt: Publikum für eine gute Show! Manche Leute in der Stadt sehen das Treiben auf dem Roncalli-Platz nicht so gerne. Aber machen können sie dagegen nichts.

Zirkus Roncalli

Übrigens noch etwas trägt in Köln den Namen Roncalli. Vielleicht warst du ja schon mal in einer Vorstellung des Zirkus Roncalli. Normalerweise zieht der Zirkus durch die Lande und gibt seine schönen Vorstellungen in verschiedenen Städten und Ländern. Im Winter bleibt der Zirkus an einem festen Ort, in Köln. Hier kannst du dir die Werkstätten zeigen lassen, in denen alles, was über das Jahr kaputtgegangen ist, repariert und ausgebessert wird z. B. die Lackiererei und die Schreinerei.
Und bald soll hier ein Zirkus-Museum entstehen, im Neurather Weg 7, in 51063 Köln-Mülheim.

Heinzelmännchenbrunnen

Ganz in der Nähe des Doms steht der Heinzelmännchenbrunnen - nicht zu verwechseln mit den Mainzelmännchen! Die Männchen auf dem Brunnen sind eifrig beschäftigt. Schaut nur genau hin: Sie schlachten ein Schwein, backen Brot und tun noch so einiges mehr. Es heißt in einem Gedicht, dass die Heinzelmännchen den bequemen - und manchmal wird auch gesagt faulen - Kölnern alle Arbeit abgenommen haben. Aber keiner bekam sie je zu Gesicht. Nur des Schneiders Frau plagte die Neugier. Um die fleißigen Wichte einmal auf frischer Tat zu ertappen, streute sie Erbsen auf einer Treppe aus. Die Heinzelmännchen rutschten auf den kleinen Kügelchen aus und fielen laut polternd die Treppe hinunter. Da machte die Schneidersfrau Licht, um die Heinzelmännchen endlich zu sehen. Durch den Sturz und die Überraschung erschraken die Heinzelmännchen fast zu Tode und beschlossen, die Stadt zu verlassen und nie mehr zurückzukehren.

Das Schönste in Köln

Die neugierige Schneidersfrau hat die Heinzelmännchen auf immer aus Köln vertrieben. Seitdem müssen die Kölner selbst arbeiten, und Griselda und Gereon überlegen, ob zu viel Neugierde wohl auch für Giraffen schlecht ist.

Aber die Neugierde siegt, und sie wollen mit dir noch ein bißchen in der Altstadt, dem ältesten Teil von Köln bleiben. Die Altstadt ist heute ein Ausgehviertel mit vielen Restaurants, Bistros, Cafés und Diskotheken. Im Mittelalter war sie das Handelszentrum der Stadt. Heutige Straßennamen, wie Fischmarkt, Buttermarkt und Salzgasse, können davon erzählen, daß jede einzelne Ware auf einem speziellen Platz oder in einer bestimmten Straße gehandelt wurde. Auf dem Fischmarkt stehen ein paar hübsche, wieder aufgebaute altkölnische Giebelhäuschen mit typisch schmalen und hohen Fassaden.

Die Häuser werden von der Kirche Groß St. Martin überragt. Sie hat einen der großartigsten Kirchtürme des ganzen Rheinlandes. Bis zur Fertigstellung der Domtürme war der Martinsturm der wichtigste Turm im Kölner Stadtpanorama. Die Kirche wurde nach dem 2. Weltkrieg im Originalstil wieder aufgebaut. Griselda und Gereon machen sich also auf den Weg, denn es gibt hier noch viel zu sehen: Wenn du vom Heinzelmännchenbrunnen in Richtung Rhein gehst, siehst du rechts den Alter Markt.

Alter Markt

Der "Alter Markt" ist ein ganz besonders wichtiger Platz in Köln. Auf ihm wird jedes Jahr am 11.11. um 11.11 Uhr der Karneval eröffnet. Der "Alter Markt" liegt mitten in der Kölner Altstadt. Früher war er ein wichtiger Platz für Handel und Geschäfte.
Wenn du in die Gässchen rund um den Alter Markt läufst, kannst du noch Straßen finden, die nicht breiter sind als Deine ausgestreckten Arme. In der Platzmitte steht der

Jan-van-Werth Brunnen.

Das Schönste in Köln

Hierzu gibt es eine bekannte Kölner Liebesgeschichte zu erzählen: Jan war ein armer Knecht, der sich in die schöne Magd Griet verliebt hatte. Doch die wollte überhaupt nichts von ihm wissen, weil er ihr viel zu arm war und sie wohl auf einen, der reicher war als Jan, wartete. So zog Jan unglücklich in den Krieg. Als er nach langer Zeit wieder nach Köln zurückkam, war er ein reicher und berühmter Mann geworden. Griet dagegen war arm geblieben. Als sie sich nach dieser langen Zeit wiedertrafen, sagte Jan zu ihr "Ja Griet, wer et hätt jedonn..." und Griet antwortete: "Ja Jan, wer et hätt jewoss...", aber nun wollte Jan sie nicht mehr. Noch heute erzählt man sich dieses Zusammentreffen von Jan und Griet jedes Jahr zur Karnevalszeit. Von dieser Geschichte sind Griselda und Gereon ganz durstig geworden, und sie trinken schnell einen Schluck aus dem Brunnen.

Tünnes & Schäl

Nun machen sie sich auf den Weg zu zwei ganz bekannten Kölnern: Tünnes und Schäl. Du findest sie gegenüber von der Kirche Groß St. Martin im Brigittengäßchen. Am besten orientierst du dich am Kirchturm und dann bist du schon fast da.

Die beiden erzählen sich in der Häuserecke bestimmt gerade einen Witz. Der Dicke mit der Knollennase ist Tünnes, der lange Dürre mit dem Hut ist Schäl - "schäl" heißt schielen. Die Nasen der beiden glänzen schon wie Gold, denn es heißt, es bringt Glück, sie anzufassen. Tünnes und Schäl sind ganz typisch kölsche Jongs, die zu jedem Spaß bereit sind. Frag doch mal Deine Eltern, ob sie dir einen Tünnes und Schäl Witz erzählen! Nicht weit von Tünnes und Schäl steht die Schmitz Säule,

ungefähr 30 Meter näher zur Kirche Groß St. Martin hin. Diese Säule hat ein reicher Kölner Kaufmann aufstellen lassen. Die in Stein gehauenen Kölner Geschichten musst du dort unbedingt lesen!

Ostermannbrunnen

Griselda und Gereon gehen bereits mit eingezogenen Köpfen durch einen Toreingang weiter in Richtung Heumarkt und landen auf dem kleinen Ostermann-Platz mit dem Ostermann-Brunnen. Der heißt so, weil er zu Ehren von Willi Ostermann gebaut wurde. Der hat nämlich vor ungefähr 100 Jahren in Köln viele bekannte Karnevalslieder geschrieben, und viele Figuren aus seinen Liedern kannst du auf dem Brunnen sehen.

Hänneschen-Theater

Die Giraffen nehmen sich vor, zu Karneval wieder hierher zu kommen, um zu feiern. Jetzt gehen sie aber weiter in Richtung Heumarkt und kommen zum Eisenmarkt. Auf diesem kleinen versteckten Altstadtplatz steht schon seit fast 200(!) Jahren das berühmte Hänneschen-Theater, für das du allerdings ein bißchen kölsch können mußt. Denn die Puppenspiele vom pfiffigen Schlingel Hänneschen und seiner Freundin Bärbelche sin op kölsch. Hier gibt es die besten Geschichten aus Knollendorf zu sehen und zu hören! Es gibt zwar immer noch vieles zum Anschauen, aber Griselda und Gereon sind müde und wollen erst mal ihre langen Beine ein bißchen ausruhen. Sie setzen sich vor dem Hänneschen-Theater, auf dem, wie sie finden schönsten Plätzchen zu einem Mann auf die Bank. Hoppla, der ist ja der berühmte Kölner Schauspieler: Willy Millowitsch!

Das Schönste in Köln

Willy **Millowitsch**

Der kennt die ganze Geschichte Kölns. Und er kann sie wunderbar erzählen. Griselda und Gereon hören gespannt zu. Sie erfahren zum ersten Mal, dass Köln schon 2000 Jahre alt ist und im Mittelalter eine der größten Städte der ganzen damaligen Welt war! Außerdem haben die Kölner viele kurze, aber spannende Geschichten zu erzählen. So machen es sich Griselda und Gereon auf der Bank ganz bequem, um zuzuhören, was sie alles Neues über Köln erfahren können. Vielleicht machst du es dir ja jetzt zu Hause gemütlich und schaust dir die Orte, in denen die Geschichte und Geschichten spielen, ein wenig später an.

Kölner Geschichte(n)

Es ist schon sehr, sehr lange her (ca. **50 Jahre vor Christi Geburt**), da lebte an der Stelle, wo heute Köln steht, ein kleiner Germanenstamm: die Ubier. Den Namen "Ubier" findest du übrigens noch in einem Straßennamen Kölns wieder, dem Ubierring. Der Ring ist eine Straße, die in ihrem Fortlauf von Süden nach Norden immer ein kleines Stück der Geschichte der Stadt oder des Landes zum Namen hat und genau da lang führt, wo die große alte Stadtmauer gestanden hat. Aber das hören wir später noch. Jetzt erst mal zu den Ubiern! Bestimmt kennst du Asterix und Obelix, die zu einem kleinen Stamm gehörten, wie es auch die Ubier waren. Asterix und Obelix wehren sich ständig gegen die Römer, die immer mehr Länder erobern wollen.

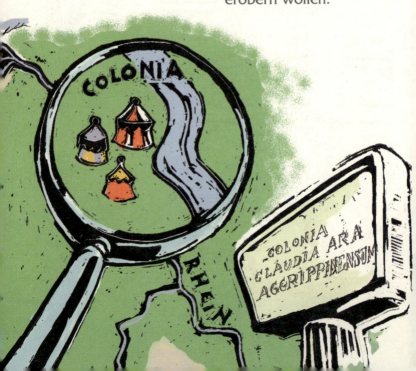

Kölsche Geschichte(n)

Aber die Ubier hatten keinen Zaubertrank und machten lieber direkt gemeinsame Sache mit den Römern.

So kamen sie zu ihrer eigenen Siedlung mit einem Schutzwall drumherum. Einige Jahre später (**16 Jahre nach Christi Geburt**) wurde in dieser Siedlung ein Mädchen namens Agrippina, die Tochter eines römischen Feldherren, geboren. Sie heiratete den Kaiser Claudius von Rom und wurde sehr berühmt und mächtig. Für ihren Geburtsort wünschte sich Agrippina das Stadtrecht, was ihr als Frau des Kaisers natürlich bewilligt wurde. So bekam die neue Stadt den lateinischen Namen "Colonia Claudia Ara Agrippinensum", abgekürzt CCAA. Zu deutsch heißt das "Kolonie des Kaisers Claudius am Altar der Agrippinenser" und so wurde Köln bis ins 5. Jahrhundert auch genannt. Der Name ist natürlich viel zu lang und zu kompliziert und es blieb dann im alltäglichen Sprachgebrauch nur noch Colonia erhalten, woraus Köln wurde.

Dass die Römer in Köln ziemlich lange gelebt haben, siehst du noch heute überall in der Stadt.

Römisch-Germanisches Museum

Am besten kannst du das römische Köln im Römisch-Germanischen Museum nacherleben. Das Museum liegt direkt neben dem Dom und erzählt aus der Zeit, als Römer und Germanen in Köln hausten.

Dort kannst du sehen, wie die Menschen damals gewohnt, gekocht oder gearbeitet haben. Ganz viel aus der Römerzeit ist bis heute übriggeblieben. Ganz schön spannend, wenn du daran denkst, wie viele Jahre dazwischen liegen! In dieses Museum zu gehen, lohnt sich für dich ganz bestimmt, auch wenn du sonst kein Museumsfan bist! Na ja, und ganz viele Namen in der Stadt kommen ja auch noch aus der Römerzeit oder sollen an die Ursprünge Kölns erinnern. Zum Beispiel das "Agrippaufer", eine Straße am Rhein, oder die "Colonia" und die "Agrippina", zwei Kölner Versicherungen, und selbst der Kölner Fernsehturm hat den Namen "Colonius" bekommen!

Kölsche Geschichte(n)

Römische Stadt

Spannend ist es, sich genau anzuschauen, wo die Römer damals ihre Stadt planten und bauten. Die Römer, zugegeben, waren nämlich ganz schön klug. Schon die Ubier siedelten auf der Landfläche, die höher gelegen war als das übrige Gebiet, um sich vor dem Rheinhochwasser zu schützen. Genau dort bauten dann auch die Römer ihre Stadt. In lauter kleinen Rechtecken ordneten sie ihre Gebäude an, umgeben von geraden Straßen in alle vier Himmelsrichtungen. Die römische Stadt entstand ungefähr da, wo heute das große Museum Ludwig auf der natürlichen Anhöhe steht. Genauer gesagt, reichte sie auf der einen Seite bis zum heutigen Rathaus und auf der anderen Seite bis zum großen, braunen Gebäude vom WDR.

Vor der Stadt lag im Rhein eine natürliche Sandinsel, die leicht zum Hafen ausgebaut werden konnte. Übrigens hatten schon die Römer als Schutz vor einigen Germanenstämmen eine Verteidigungsburg, ein Kastell, auf der anderen Rheinseite gebaut, zu dem eine große Brücke führte. Genau dort liegt heute Deutz und die Deutzer Brücke führt etwa an der gleichen Stelle wie damals die Römerbrücke über den Rhein. Überhaupt brachten die Römer viele Errungenschaften nach Köln. Sie bauten nicht nur die Stadt und die Häuser, eine Brücke über den Rhein, sondern auch Straßen für die Soldaten und die Händler. Über ein Stück so einer Straße sind Griselda und Gereon ja schon gestakst: Die Römische Hafenstraße ist neben dem Römisch-Germanischen Museum mit Original-Steinen wieder nachgebaut worden.

Schon damals mussten viele Menschen in der Stadt versorgt werden und es herrschte bereits viel Verkehr. Die Römer hatten Gutshöfe außerhalb der Stadt und besorgten dort die Lebensmittel. Die Straßen führten sternförmig aus der Stadt heraus und das ist bis heute so geblieben. Sie waren und sind die Verbindung mit anderen Dörfern oder Städten. Griselda und Gereon schauen sich im "Stappl" den Übersichtsplan der Kölner Straßen an:

Kölsche Geschichte (M)

Stimmt genau, die großen Straßen führen fast alle wie zum Sternmittelpunkt zum Dom.
Die Römer bauten auch eine riesige Wasserleitung. Die kam von der Eifel bis nach Köln. Hier bauten die Römer ein großes Kanalsystem, von dem du noch 140 Meter im Prätorium - so nannten die Römer ihr "Rathaus" - unter dem heutigen Rathaus besichtigen kannst.

Prätorium

Heute sitzen die wichtigen Politik-Leute der Stadt im Rathaus. Früher saßen sie im Prätorium, so hieß der römische Statthalterpalast. Reste davon befinden sich genau unter dem Rathaus, wo auch Modelle das Aussehen des alten römischen Baus zeigen. Hier haben die Römer und die Franken - die wirst du noch kennenlernen - die Stadt verwaltet. Von dort aus führt ein langer Gang in den römischen Abwasserkanal Kölns. Da musst du unbedingt mal reinlaufen. Der Eingang ist in der "Kleinen Budengasse". *Offen ist Dienstag - Freitag 10-16 Uhr, Samstag und Sonntag 11-16 Uhr.*

350 n. Chr.

Die Römer blieben ungefähr 400 Jahre in Köln. In der Zeit haben sie ganz schön viel gebaut. Zum Schutz gegen Feinde bauten sie rund um die ganze Stadt eine gewaltige Stadtmauer. Die war immerhin fast vier Kilometer lang, genau genommen 3.911,80 m. Die Mauer hatte 9 Tore und 21 Türme, auf denen meistens Wachen standen. Niemand konnte die Stadt erobern, weil die Mauer so stark war. Reste der alten Römermauer kannst du noch an der Burgmauer, Alte Mauer am Bach, hinter dem Zeughaus, in der Tiefgarage am Dom und am Mauritiussteinweg sehen.

Hilfe, die Franken kommen

Die Römer waren schon sehr, sehr lange in Köln, da kamen im Jahre **355** die Franken. Sie waren allerdings zu den Stadtbewohnern nicht so nett wie die Römer. Raubend und mordend zogen sie durch die Stadt und die Kölner ergriffen die Flucht.
Die Franken waren eigentlich Bauern. Sie konnten mit den meisten schönen Häusern der Stadt nichts anfangen. Nur das Prätorium, den Regierungssitz der Römer, machten die Franken auch zu ihrem Regierungshaus.
Aber sonst bauten die Franken ihre eigenen Bauernhäuser außerhalb und ließen die Stadt und die schönen römischen Häuser verfallen.

Kölsche Geschichte (n)

Der Römerturm

Einer der römischen Bauten blieb allerdings fast vollständig erhalten: der Römerturm. Diesen Turm gebrauchten die Franken als Klo, zum Pinkeln. Du kannst ihn heute an der Ecke St. Apern-Straße / Zeughausstraße finden (U-Bahn Appellhofplatz). Der Römerturm war der nordwestliche Eckpunkt der römischen Stadtmauer. Die Verzierung auf dem Turm, das Mosaik mit den roten Steinchen, ist noch original von den Römern.

Damals gab es in der Welt noch sehr wenige Menschen, die der christlichen Religion angehörten. Die fränkischen Könige aber ließen sich schon sehr früh taufen und bekannten sich so als Christen. Weil Köln damals schon einen Bischof hatte, war Köln den Franken so wichtig. Auch in späteren Jahren war Köln als Bischofsstadt immer wieder von Bedeutung.

 870

Die Karolinger

Nach den Franken regierte Kaiser Karl, den man auch Karl den Großen nennt. Diese Zeit, um **800** herum, nennt man auch die Zeit der Karolinger. Köln lag fast in der Mitte des Reiches von Kaiser Karl. So wurde Köln ein großes Handelszentrum und der Sitz eines neu ernannten Erzbistums. Da der Erzbischof sein neues Amt und seine Macht auch zeigen wollte, ließ er statt der Bischofskirche einen Dom bauen. Das war der erste - kleine - Dom, der **870** fertig wurde und dem Heiligen Petrus geweiht war. Von nun an hatten die Erzbischöfe, die der Kaiser oder der König ernannte, für lange Zeit das Sagen in Köln.

Einer, der ganz berühmt war und sogar heilig gesprochen wurde, war der Erzbischof Anno. Er ließ viele berühmte Kirchen in der Stadt bauen. Aber die Kölner mochten ihn nicht, weil er ganz allein entscheiden und herrschen wollte. Eines Tages wurden die Kölner so wütend über Anno, weil er sie wieder mit Vorschriften für die Händler geärgert hatte, dass sie ihn in den Kerker werfen wollten. Anno gelang es aber gerade noch, sich durch einen unterirdischen Geheimgang zu retten. Ein Stück von diesem Geheimgang kannst du dir heute noch ansehen.

Kölsche Geschichte(n)

Er ist ein Teil der alten römischen Stadtmauer und wurde bei Ausgrabungen vor vierzig Jahren in der Parkgarage unter dem Dom entdeckt. Einen Eingang zur Tiefgarage findest Du in der Trankgasse. Später kam Anno übrigens mit vielen Soldaten aus Neuss nach Köln zurück und rächte sich an den Kölnern. Und nicht nur Anno mischte kräftig im Leben der Kölner mit, auch spätere Erzbischöfe bestimmten noch lange Zeit fast allein über die Stadt.

45

Die Romanischen Kirchen

Die Kirchen, die Anno bauen ließ, kannst du heute noch besichtigen. Sie sind in aller Welt berühmt. Romanisch nennt man den Baustil vom Ende des **10.** bis zum **13. Jahrhundert**. Keine andere Großstadt hat so viele erhaltene - oder nach dem Zweiten Weltkrieg wiederaufgebaute - Romanische Kirchen wie Köln. Es sind nämlich allein in der Innenstadt 12 Stück: St. Pantaleon, St. Severin, St. Georg, St. Maria Lyskirchen, St. Maria i. Kapitol, St. Aposteln, St. Gereon, St. Andreas, St. Ursula, St. Kunibert und Groß St. Martin. Es lohnt sich, in eine mal rein- zuschauen. Das in aller Welt bekann- teste Kirchenbau- werk Kölns ist aber doch der Dom.

Der Dom

Das berühmteste Bauwerk von Köln musst du dir natürlich ansehen. Er steht gleich neben dem großen Bahnhof, dem Kölner Hauptbahnhof. Den Dom kann man schon von sehr weit weg sehen. Früher war er einmal das höchste Gebäude der Welt, nämlich 157 m. Heute ist er nur noch das drittgrößte in Köln nach dem Fernmeldeturm, dessen Antenne den Dom überragt, und dem Schornstein des Heizkraftwerkes Niehl. Wenn du die vielen Stufen im Turm hinauf gelaufen bist, kannst du ganz weit sehen.

Kölsche Geschichte (M)

Auf dem Weg nach oben kommst du an der größten Kirchenglocke der Welt vorbei, der Petrusglocke. Die Kölner nennen sie den "Dicke Pitter". Wenn du mehr über die vielen aufregenden Einzelheiten des Doms erfahren möchtest, dann kannst du dir im Dom einen tollen Führer für Kinder kaufen, der kostet DM 5,-. Hast du die Stufen nach oben gezählt? Griselda und Gereon verraten nicht, wie viele es sind, aber vielleicht kannst du die Zahl ja irgendwo sonst entdecken!

Warum wurde der Dom gebaut?

Kaiser Friedrich Barbarossa - er hatte einen roten =rossa Bart=Barba - hatte in einer großen, grausamen Schlacht in Mailand (im Jahr **1164**) große Beute gemacht: Die Gebeine (Knochen) der Heiligen Drei Könige: Caspar, Melchior und Balthasar. Vor fast 2000 Jahren hatten die drei dem neugeborenen Jesuskind im Stall in Bethlehem Geschenke gebracht. Und die Knochen der Könige brachte nun der Kaiser mit nach Köln und schenkte sie seinem Freund, dem Erzbischof und Statthalter von Köln Reinald von Dassel. Köln sollte durch diese Reliquien, so nennt man die Überreste von Heiligen, eine große, berühmte Stadt werden. Und das klappte auch!

1164 wird Köln berühmt! Für die Reliquien der Heiligen Drei Könige fertigte man einen kostbaren Sarg an:

Der Dreikönigenschrein

Rund 50 Jahre wurde an dem Schrein gearbeitet! (Heute kannst du ihn, etwas versteckt, hinter dem großen Altar im Dom finden.) Die Reliquien der Heiligen Drei Könige wurden schnell zur Sensation. Überall sprach sich herum, dass in Köln diese Schätze zu sehen sind. Eine Attraktion, die viele Christen dazu veranlasste, einen Ausflug nach Köln zu unternehmen. Diese Wanderer, die zu einem Ort reisen, um dort etwas anzubeten, nennt man auch Pilger. So wurde aus Köln ein interessantes und großes Pilgerzentrum, vergleichbar mit Rom, Bethlehem oder Jerusalem. Das machte Köln zu einem berühmten und gleichzeitig zu einem reichen Ort, denn die vielen Pilger gaben auch viel Geld aus. Oft brachten sie sogar kostbare Geschenke für die Kirchen mit. Und natürlich wollten alle auch Andenken und Geschenke wieder mit nach Hause nehmen.

Kölsche Geschichte

Daran hat mancher Kölner gut verdient!
Bald schon fanden die Kölner, dass der alte Dom viel zu klein für einen solch kostbaren Schatz sei. Und da die Heiligen Drei Könige eben so viele Gläubige anlockten, die Geld spendeten, konnte ein neuer Dom gebaut werden. Und so wurde an der Stelle, wo vorher schon der kleine Dom stand, der neue große Dom gebaut. Der neue Dom sollte alle anderen Kirchen der Welt überragen. Mit der Grundsteinlegung im Jahr **1248** begann der Bau der größten Kathedrale des damaligen Deutschen Reiches. Nach den Plänen von Meister Gerhardt wurde er im Baustil der Zeit, der Gotik, gebaut. Bis der Dom jedoch fertig war, vergingen 600 Jahre. Ungefähr dreihundert Jahre passierte nichts an der Baustelle, und auf der halbfertigen Kirche stand ein Kran statt der Domtürme. Deshalb könnt ihr auf alten Bildern vom Dom immer wieder den Kran statt einer Turmspitze sehen. Warum die Kölner so viel Zeit brauchten, um den Dom zu bauen, und warum er schließlich doch noch fast fertig wurde, erzählt euch die Geschichte von Meister

Meister Gerhard und der Teufel

Meister Gerhard hieß der Baumeister, dem die Kölner damals den Auftrag gegeben hatten, den neuen Dom für die vielen Pilger zu bauen. Er versprach, den größten und höchsten Dom zu bauen, den die Kölner sich nur denken konnten. Aber schon bald nach Baubeginn klappten viele Arbeiten an der Dombaustelle nicht so richtig. Manche Mauern fielen sogar wieder zusammen.

Die Baupläne stimmten nicht. Meister Gerhard hatte dicke angegeben, als er gesagt hatte, er wäre der beste Baumeister für das geplante Wunderwerk. Die Kölner fingen an, über ihn zu lachen und ihn zu verspotten. Und so passierte auf der Baustelle eine ganz lange Zeit fast gar nichts. Eines Tages, als der Meister wieder über seinen Bauplänen brütete, kam ein Mann, der zu ihm sprach: "Ich helfe dir. In drei Tagen baue ich den Dom fertig. Am Morgen des dritten Tages, bevor die Hähne krähen, ist er fertig. Aber dafür will ich nach deinem Tod deine Seele haben, deine und die von deiner Frau und deinen Kindern."

Kölsche Geschichte(n)

Meister Gerhard glaubte dem Mann nicht so recht, konnte den Spott aber nicht länger ertragen. Außerdem wollte er auch gerne berühmt werden. Also ging er auf den Handel ein, obwohl ihm ganz schön mulmig dabei zumute war. Tatsächlich wurde noch am selben Tag die Arbeit am Dom wieder aufgenommen. Ununterbrochen wurde gebaut und gehämmert. Am Ende des zweiten Tages sah es so aus, als ob der Dom fast fertig sei.

Da wurde dem Meister ungeheuerlich zumute, und er erzählte seiner Frau von dem seltsamen Handel mit dem Fremden. Die Frau erkannte sogleich, dass hinter dem Unbekannten nur der Teufel stecken konnte. Schnell hatte die listige Frau eine Idee und sagte zu ihrem Mann: "Sorge dich nicht, es wird alles gut ausgehen!" Und am frühen Morgen des dritten Tages, alles war noch dunkel, zwei Stunden vor Tagesanbruch, öffnete die Frau ein Fenster und rief hinaus: "Kökerököö! Kökerököö!" So rufen nämlich in Köln die Hähne. Von diesem Ruf wachten alle Hähne in der Stadt auf und dachten, sie hätten den Morgen verpasst. "Kökerököö, kökerököö, kökerököö...", krähten die Kölner Hähne was das Zeug hielt. Der Dom aber war noch nicht ganz fertig, weil es ja noch so früh war. Die Domspitze fehlte noch.

Vor Wut sprang der Teufel mit lautem Fluchen von der Turmspitze in die Tiefe hinab. Er hatte den seltsamen Handel verloren. Die kluge Frau vom Meister Gerhardt aber hatte ihre Familie gerettet. Und die Kölner hatten für lange, lange Zeit als Erinnerung an diese Geschichte einen Dom, der nicht ganz fertig war, mit einem Baukran oben drauf.

Ganz fertig gebaut wurde der Dom schließlich, als in Köln die ungeliebten Preußen herrschten. Sie ließen den Dom in der Zeit von **1842 bis 1880** fertigbauen.

Kölner Kinder kennen die Welt

In den Straßen von Köln konnten die Kinder schon früher ohne Fernsehen und Autos alles entdecken, was die ganze damals bekannte Welt bot: Gewürze, Früchte, neue Spiele und Kleidung. Sie trafen Menschen, die in vielen verschiedenen Sprachen redeten und ganz unterschiedlich aussahen. Für die Kinder und Erwachsenen in der Stadt gehörten die Fremden zur normalen Alltagswelt. Schließlich lebten auch alle gut von dem Reliquientourismus. Die Pilger brachten ja viel Geld in die Stadt. Köln wurde immer größer und größer. Die Händler in der Stadt und die Kaufleute, die mit fernen Ländern

handelten, machten gute Geschäfte, wurden immer reicher und bestimmten daher nun auch schon manchmal mit, was in der Stadt für Gesetze herrschten. Sie nannten sich Patrizier, heute würde man zu ihnen wahrscheinlich Millionäre sagen.

Die Stadtmauer

Im Jahre **1180** erhielt die Stadt Köln von Kaiser Friedrich I. das endgültige Recht, eine eigene Befestigung zu bauen und sich selbst zu verteidigen. Dieses Recht nennt man die Wehrhoheit, die damals ziemlich wichtig war. Wenn Feinde die Stadt überfallen wollten, brauchten die Bürger nicht auf den Kaiser oder sonst jemanden zu warten um sich zu verteidigen, sondern sie konnten selbst zur Tat schreiten. Zunächst bauten die Kölner als Befestigung nur einen Erdwall um die Stadt. Aber ab dem Jahr **1200** wurde mit dem Bau der großen Steinmauer begonnen. Erst 50 Jahren später war sie fertig und schützte Köln tatsächlich viele Jahrhunderte sicher vor Feinden. Das ummauerte Gebiet war 401 Hektar groß. Das sind zwei Kilometer in der Länge und zwei Kilometer in der Breite, also 800 Fußballfelder aneinander! Ganz schön groß! Und rundherum eine Mauer!

Die Stadtmauer hatte zwölf Landtore und etwa 36 Rheintore. Die Zahl der Tore veränderte sich aber häufig, weil immer mal wieder ein Tor geschlossen wurde oder ein anderes wieder geöffnet.
Die Kölner Stadtmauer war mit ihren 6 Kilometern Umfang die größte Stadtmauer, die es überhaupt für lange Zeit um eine Stadt in der damals bekannten Welt gab. Die Kölner mussten viel Geld für den Bau und die Bewachung der Mauer ausgeben. Allein die ganzen Steine, die herbeigeschafft wurden, um so eine große Mauer zu bauen, kosteten sehr, sehr viel Geld. Innerhalb der gewaltigen Stadtmauern lebten damals etwa 40 000 Menschen. Das war vor rund 800 Jahren eine riesige Stadt. Lange Zeit gab es keine andere Stadt im damaligen Deutschen Reich, die mehr Einwohner als Köln hatte.

Stadtmauerreste heute

Irgendwann lebten so viele Menschen in der Stadt, dass die Mauer weg sollte. Auch gab es nicht mehr so viele Feinde.

Kölsche Geschichte(n)

Eine neue Mauer war also nicht mehr nötig.
Vor ungefähr 100 Jahren beschloss der Kölner Rat,
die Mauer abzureißen. Heute ist der Ring, die große
Straße um die Kölner Innenstadt, fast genau da, wo
früher einmal die Stadtmauer stand. An einigen
Stellen auf dem Ring kannst du noch einige
Reste von der alten Mauer sehen. Sie wurden als
Andenken stehen gelassen und du kannst
erahnen, wie klein Köln früher einmal war und
wie groß die Stadtmauer.
Zum Beispiel ist am Sachsenring ein Stück Mauer
mit zwei alten Türmen zu sehen, die heute von
Karnevalsvereinen genutzt werden. Vor diesem Teil
der alten Mauer ist auch noch der ungefähr zehn
Meter tiefe Stadtgraben zu sehen.
Solche Gräben hob man damals immer als
zusätzlichen Schutz um die Stadtmauer
herum aus. Auch ein paar Stadttore
stehen noch heute: Der Bayenturm,
direkt am Rhein in Richtung Rodenkirchen, beherbergt
jetzt ein Archiv für
Frauen-geschichte. Die
Bott-mühle in der
Nähe

gehörte beim Abriss der Mauer nicht der Stadt Köln und blieb deshalb stehen. Heute ist dort das Büro einer politischen Jugendorganisation, die sich „die Falken" nennen. Die Ulrepforte war ein kleines Stadttor, das später als Windmühlenturm genutzt wurde. Heute hat da ein Karnevalsverein seinen Sitz. Die Gereonsmühle am Hansaplatz wird von der Katholischen Jugend genutzt. Der ursprünglich rechteckige "Weckschnapp"-Turm im Norden Kölns wurde im 18. Jahrhundert zerstört. Er gehörte zur Festung der Kuniberts-Torburg. Doch die Kölner wollten nicht auf diesen Turm verzichten und nennen heute so den von der ursprünglichen Festung übrig gebliebenen runden Turm am Konrad-Adenauer-Ufer, der privat genutzt wird.
Die Severinstorburg am Chlodwigplatz, im Süden, war ein großes Tor und ist heute ein Bürgerhaus.

Kölsche Geschichte (M)

Die Eigelsteintorburg im Norden, wo heute ein Karnevalsverein und die Jazz-Haus-Schule ist, war früher für den Verkehr sehr wichtig, genauso wie das Hahnentor im Westen der Innenstadt.
Hier ritten damals die in Aachen gekrönten Könige ein, um der Reliquie der Heiligen Drei Könige im Dom ihre Huldigung zu erweisen. Deshalb war dieses Stadttor besonders wichtig.

Die Bolze Lott am Hahnentor

Zum Hahnentor gibt es auch eine lustige Geschichte: Vor etwa 100 Jahren, als die Stadtmauer noch stand, lebte die Bolze Lott in Köln. "Bolze" bezeichnet in der kölschen Mundart jemand, der gerne mal ein bisschen über den Durst trinkt !
Sie führte die Kölner Zöllner, die damals an den Stadttoren standen, kräftig an der Nase herum. Freundlich die Zöllner grüßend, lief sie mehrmals am Tag durch das Tor und machte dabei beste Geschäfte!
Sie trug dem neusten Pariser Schick entsprechend

unter ihrem Rock einen Stahlreifen, der ihn ganz breit erscheinen ließ. Darunter versteckte sie jede Menge Schmuggelware, die sie durch das Hahnentor nach Köln brachte, ohne dass es jemand merkte. Die Zöllner durften nämlich einer Dame nicht unter den Rock gucken!

Das Stadtwappen

Damals, als die Stadtmauer gebaut wurde, bekam die Stadt auch ein eigenes Wappen.
Ein Wappenschild war früher ganz wichtig.
Den brauchten die Menschen, um zu zeigen, woher sie kommen und zu wem sie gehören.

Das Wappenschild gab an, wer an welchem Platz mit dem Kaiser in den Krieg zog. Eigentlich war es wie ein Namensschild für den Krieg. Auch war es eine Auszeichnung: einer durch das Wappen bekannten Stadt anzugehören, bezeugte die herausragende Wichtigkeit der Einwohner. Und so verstanden das auch die Kölner Patrizier. Sie waren ja durch den Handel in der Pilgerstadt zu großem Reichtum gekommen und durften in vielen Dingen mitentscheiden.

Kölsche Geschichte

Sie wählten als Kennzeichen für den Wappenschild die Kronen der Heiligen Drei Könige, weil sie fest daran glaubten, dass diese ihnen Schutz, Reichtum und Macht gaben. Die Kronen waren mehr als nur das Wappenzeichen, sie wurden das Symbol für Köln und sind es bis heute geblieben. Auch heute noch glauben alle echten Kölner, dass die Heiligen Drei Könige der Stadt Glück bringen. Später kamen noch die elf Flammen im Stadtwappen dazu. Woher die kommen, erzählt dir die Geschichte von der Heiligen Ursula.

Die heilige Ursula

Kennst du schon die heilige Ursula? Eine bekannte Kirche in Köln ist nach ihr benannt. Auf der Kirche ist statt eines Wetterhahnes oder einer einfachen Turmspitze eine Krone zu sehen, die an die Königstochter Ursula, die in Köln sehr verehrt wird, erinnern soll. Auch die elf Flammen im Kölner Stadtwappen sollen an sie erinnern. Und im Wallraf-Richartz-Museum hängt das berühmte Bild von ihrer Ankunft in Köln. Die traurige Geschichte dazu soll sich vor ungefähr 1500 Jahren zugetragen haben:

Es war einmal eine wunderschöne Prinzessin.
Sie hieß Ursula und kam aus der Bretagne, einer
Gegend, die heute in Frankreich liegt. Ursula war
die Tochter von Königin Daria und König Nothus.
Ursula war reich, jung, schön und unabhängig.
Viele junge Männer hielten um ihre Hand an, doch
sie wollte nicht heiraten. Einer, Ätherius aus
England, bedrängte sie ganz besonders.

60 Er drohte sogar, ihr Land zu überfallen, wenn sie ihn
nicht heiraten würde. So stimmte sie schließlich
unter drei Bedingungen der Hochzeit zu:
1. Ätherius müsse sich taufen lassen. 2. Er müsse
drei Jahre auf sie warten. 3. Sie wolle in dieser Zeit
eine große Reise unternehmen. Ätherius willigte
ein, und Ursula machte sich mit 10 Freundinnen,
von denen jede noch 1000 Freundinnen und
Dienerinnen mitnahm, auf die Reise. Stellt euch mal
vor, 11.000 junge Frauen zogen los – wer ganz
genau rechnet, kommt auf 11.011, aber die
Legende berichtet von 11.000. Sie reisten nach
Rom, wo sie sich vom Papst taufen ließen, und als
die drei Jahre fast um waren, machten sich die

Kölsche Geschichte(n)

11.000 Jungfrauen mit Schiffen, immer den Rhein hinunter, auf die Heimreise. Ätherius konnte es kaum noch erwarten, endlich Ursula zu empfangen. So ritt er ihr schon entgegen, und ungefähr auf der Höhe von Bingen trafen sich die beiden.
Sie beschlossen, nun gemeinsam bis nach Hause den Rhein hinunter zu reisen. Was die Mädchen und der Jüngling jedoch nicht wussten, war, dass die Stadt Köln - wo die Jungfrauen schon auf der Hinreise freundlich empfangen worden waren - von feindlichen Hunnen, einem kämpferischen Reiterstamm, belagert wurde. Als sich nun die Schiffe Köln näherten, töteten die Hunnen alle 11.000 Frauen. Nur Ursula, ihre Freundin Cordula und Ätherius blieben übrig. Ursula gefiel dem Hunnenkönig so gut, dass er sie heiraten wollte. Sie weigerte sich jedoch standhaft, da sie nie einen Nichtchristen und Mörder heiraten würde. Da ließ der Hunnenkönig auch Ursula, Cordula und Ätherius töten. Die Sage erzählt weiter, dass die Hunnen danach fort zogen und die Stadt Köln und die Kölner gerettet wurden. Die 11 Flammen im Wappen sollen an die 11.000 Jungfrauen erinnern, die statt der Kölner getötet wurden.

1288

An der Stelle, wo die Kölner die Toten begraben haben, wurde später die Ursulakirche gebaut. Übrigens weiß man heute, dass es 11 Jungfrauen waren und die "Tausend" wegen eines Übersetzungsfehlers aus dem Lateinischen ins Deutsche zustande kamen.

Die Schlacht bei Worringen

Nun aber wieder zurück ins **13. Jahrhundert** und seinen Geschichten. Den Bau der Stadtmauer mussten die reichen Kaufleute, die Patrizier, in Köln mitbezahlen. Sie mussten dafür kräftig in die Geldbeutel greifen. Aber so richtig entscheiden, was in der Stadt passierte, das durften sie nicht, das durfte nur der Erzbischof. Doch im Jahr **1288** gab es eine gute Gelegenheit, den gehassten Erzbischof als Stadtherren endlich los zu werden. Der stritt sich nämlich mit dem Herzog von Brabant und anderen Adligen um Ländereien. Und so, wie das früher üblich war, kam es zu einer Schlacht: Die Kölner Patrizier hielten aber nicht zu ihrem Erzbischof, sondern kämpften mit dem Herzog von Brabant gegen ihn!

Kölsche Geschichte (M)

Sie dachten, wenn der Erzbischof verliert, dann verliert er auch die Macht in Köln und so passierte es tatsächlich. Der Erzbischof wurde besiegt, gefangengenommen und damit war seine Macht in Köln zu Ende. Köln wurde eine freie Stadt, die nur dem Kaiser direkt unterstand. Der bestätigte den Kölnern sogar mit einer Urkunde - allerdings erst viel später -, dass Köln eine freie Reichsstadt ist. Die Herrscher von Köln waren von nun an die Patrizier, die reichen Kaufleute. Die wählten übrigens auch die Stadtfarben für den Wappenschild, rot und weiß. Das waren damals die Farben der "Hanse", ein Handelsverbund wichtiger Handelsorte, zu dem natürlich auch Köln zählte, und rot und weiß blieben die Kölner Stadtfarben bis heute.

Die Befreiung der Kölner von der Vorherrschaft des Erzbischofs ist also auch noch Teil der heutigen Stadtsymbole. Natürlich gibt es zu dem Kampf gegen den Erzbischof auch wieder eine Geschichte:

1288

Der Kampf mit dem Löwen

Dem Erzbischof dienten damals sehr ergeben zwei Domherren, die einen Löwen im Gewölbe ihres Hauses hielten. Das war damals sehr ungewöhnlich und wäre es heute allerdings auch. Eines Tages luden diese Domherren den Bürgermeister von Köln, Hermann Gryn, zum Essen ein. Hermann Gryn war in der Stadt sehr beliebt, gerade weil er sich gar nicht gut mit dem Erzbischof und seinen Spießgesellen verstand. So kam ihm die Einladung ziemlich komisch vor, aber er ging trotzdem hin, um zu sehen, was der Erzbischof von ihm wollte. Ein köstliches Essen wurde serviert und jede Menge guten Weines. Nach dem Essen zeigten die beiden Domherren Hermann Gryn ihren Löwen. Die Domherren hatten ihm schon seit Tagen kein Futter mehr gegeben und der Löwe sprang wild in seinem Käfig herum. Der Bürgermeister blieb neugierig vor Überraschung vor dem Käfig stehen. Da rissen die Domherren die Käfigtüre auf, stießen Hermann Gryn in den Käfig und rannten weg. Die Einladung war nur eine Falle gewesen, um den Bürgermeister zu töten.

Kölsche Geschichte(n)

Der Erzbischof wollte ihn beiseite schaffen, weil Hermann Gryn bei den Kölnern so beliebt war und deshalb auch Macht besaß. Aber weder der Erzbischof noch die Domherren hatten mit dem Mut Hermann Gryns gerechnet. Der wickelte sich schnell seinen Mantel um einen Arm und hielt ihn dem Löwen entgegen, als das Tier zum Sprung ansetzte, um den Bürgermeister zu zerfleischen. Mit dem anderen Arm zückte Hermann ein kurzes Schwert, das er immer bei sich trug, und stieß den Löwen tot. Er befreite sich aus dem Käfig und stellte die Domherren später vor ein Gericht. Beide wurden zum Tode verurteilt und an einem Torbalken am Domkloster aufgehängt.

Zum Andenken an diese Geschichte wurde das Tor am Domkloster die „Pfaffenpforte" genannt. Das Gebälk ist heute noch im Römisch-Germanischen Museum ausgestellt. Auch im Rathaus erinnerte ein Teil an die Geschichte: Der Innenhof wurde der „Löwenhof" genannt.

1349

Das Rathaus

Das Kölner Rathaus ist das älteste bekannte Rathaus Deutschlands. Bevor Köln freie Reichsstadt wurde, trafen sich die reichen Bürger, die Patrizier, an einem Ort, der nicht zu dem Machtgebiet des Erzbischofs gehörte. Um ihre Angelegenheiten zu besprechen, wählten sie einen neutralen Ort, das Bürgerhaus im Judenviertel. Das stand übrigens ungefähr an dem Platz, wo auch schon die Römer ein großes Haus für die Stadtregierung gebaut hatten. Das Rathaus war noch gar nicht so lange fertig, als eine große Katastrophe passierte: das ganze Judenviertel brannte ab und mit ihm auch das Rathaus.

Die Juden

Neben den Christen gab es schon zur Römerzeit in Köln Leute, die einer anderen Religion angehörten: die Juden. Fast alle lebten im Viertel rund um das Rathaus. (Heute kannst Du vor dem Rathaus eine Glaspyramide sehen. Darunter befinden sich alte Reste des Judenbades, die Mikwe

Kölsche Geschichte (M)

Und eine schmale Gasse heißt "Judengasse". Immer wieder gab es Zeiten, in denen die Juden in Köln und auch anderswo verfolgt wurden. Und das haben sie ziemlich häufig zu spüren bekommen. Als im Mittelalter die Pest nach Köln kam, suchten die Leute nach einem Sündenbock. Auch die Kirche brauchte jemanden, dem sie die Schuld des Übels in die Schuhe schieben konnte. Da wurde das Gerücht aufgebracht, die Juden hätten die Brunnen vergiftet und so die Krankheit ausgelöst. Das jüdische Viertel wurde überfallen, geplündert und angezündet. Es gab einen großen Brand in Köln, bei dem auch das Rathaus abbrannte. Die jüdischen Bewohner wurden getötet oder sie flohen aus der Stadt. Das war im Jahr **1349**.

Noch brutaler und grausamer wurden die Juden dann rund 590 Jahre später behandelt. Das ist noch gar nicht so lange her, im Jahr **1938**. In einer Nacht wurden ihre Gotteshäuser, sie heißen Synagogen, (heute ist die Synagoge in der Roonstraße), von den damals in Deutschland regierenden Nazis angezündet,

ihre Geschäfte und Wohnungen geplündert und die Juden geschlagen und misshandelt. Im folgenden 2. Weltkrieg sind Millionen Juden von den Nazideutschen getötet worden, darunter auch sehr viele Kinder.

Die Mikwe - Das Jüdische Kultbad

Auf dem großen Platz vor dem Rathaus ist eine Glaspyramide zu sehen. Von weitem sieht das gar nicht so besonders interessant aus. Wenn du aber ganz nah herangehst und hineinschaust, erkennst du einen tiefen Schacht, in den seitlich Treppen hinunterführen. In dieses Bad in dem Brunnenschacht stiegen früher Menschen jüdischen Glaubens zur Reinigung, die Teil der religiösen Bräuche ist, so wie z.B. die Taufe bei den Christen.

Zur Reinigung im Kultbad gab es viele verschiedene Anlässe: Vor der Hochzeit oder nach der Geburt eines Kindes; Frauen nach ihrer Menstruation; Menschen, die einen Toten angefasst hatten; nach

Kölsche Geschichte(n)

dem Genuss unreiner Speisen, z.B. Schweinefleisch, oder auch um einen Kultgegenstand, z.B. den siebenarmigen Leuchter, vor dem ersten Gebrauch zu weihen. Die jüdische Religion schreibt nämlich für Männer und Frauen vollständiges Baden, also bis über den Kopf, in lebendigem Wasser vor, um sich innerlich zu reinigen. Lebendiges Wasser - genau das bedeutet "Mikwe" - ist natürlich zusammengelaufenes Wasser, kein gesammeltes oder geschöpftes. In dem tiefen Schacht sammelte sich von Natur aus das Grundwasser an. Deswegen wurde dieser 16 Meter tiefe Brunnen von den Juden im Jahre **1170** als Kultbad ausgebaut. Wenn du dir beim Pförtner im Rathaus die Schlüssel für die Tür der Glaspyramide holst, kannst du da sogar hinuntergehen. Unten findest du ein Becken aus roten Sandsteinblöcken mit Wasser und zwei Nischen, eine große und eine kleine. In die eine wurden Kleidungsstücke vor dem Untertauchen abgelegt und in die andere wurde die Kerze oder die Laterne für das Licht gestellt. Den Schlüssel kannst du an normalen *Werktagen zwischen 8 und 17 Uhr, samstags von 10 bis 16 Uhr /sonntags von 11-13 Uhr beim Pförtner im Historischen Rathaus holen.* Es kostet gar nichts, sich die Mikwe anzuschauen.

Der neue Rathausturm

Später, im 15. Jahrhundert, als die Erzbischöfe schon lange keine Macht mehr hatten, wurde an dem Ort, wo das alte Rathaus gestanden hatte, ein neues mit einem prächtigen Turm gebaut. Zu dem Zeitpunkt hatten aber auch die Patrizier ihre Macht schon verloren. Deshalb waren es die Handwerker und kleineren Händler, die als Beweis ihrer neuen Macht den schönen neuen Rathausturm bauten. Und seit der Zeit gibt es den Platzjabbeck. Die Geschichte, die es dazu zu erzählen gibt, soll jetzt schon 500 Jahre her sein.

Der Platzjabbek

Im 14. Jahrhundert, im Jahr **1396**, gab es zwischen den Kölnern Krach. Genauer gesagt, kam es zum Streit zwischen den reichen Patriziern und den ärmeren Händlern und Handwerkern.

Kölsche Geschichte (M)

Die Händler und Handwerker wollten es sich nicht länger gefallen lassen, dass die reichen Kaufleute alles bestimmten, und so bekämpften sie sich gegenseitig. Die Händler und Handwerker gewannen den Kampf und errichteten als Siegeszeichen den neuen Rathausturm. Damit sich auch ja kein Patrizier mehr hereintraute, hingen sie zur Abschreckung den "Platzjabbeck" auf, der zu jeder vollen Stunde, wenn die Rathausglocke schlägt, die Zunge herausstreckt und jappt. "Japppen" heißt nämlich schnappen und "Platzjappeck" wurde früher wahrscheinlich so geschrieben.
Er sollte wohl die Patrizier verspotten, aber auch warnen: "Hütet Euch, wir haben zugeschnappt! Aufgepasst, versucht nie wieder, uns zu beherrschen!"

Der "Platzjabbeck" hängt direkt unter der Rathausuhr am Rathausturm auf der Seite zum Alter Markt hin.
Gegenüber vom "Platzjabbeck" gibt es noch ein freches Gesicht, einen blanken Hintern, der gehört dem

Der Kallendresser

Ist kölsch und heißt "Rinnenscheißer". Ursprünglich hing das scheißende Männlein am "Haus der Sonne", das mitsamt dem Kallendresser im Zweiten Weltkrieg zerstört wurde. Da die lustige Figur aber in Köln sehr beliebt war, wurde sie aus Kupfer nachgebaut und hängt heute am Alter Markt 24, ganz in der Nähe des ursprünglichen Ortes, neben dem „Doppelhaus".

Um den Kallendresser ranken sich mehrere Legenden. Eine erzählt von einem Kerl, der unterm Dach wohnte und zu faul war, auf die Toilette im Hof zu gehen. Deshalb machte er sein Pipi und Aa immer in die Dachrinne und zeigte seinen nackten Po den Vorbeigehenden. Man sagt aber auch, dass der blanke Hintern vom Kallendresser die Antwort eines reichen Bürgers auf den Platzjabbeck war!

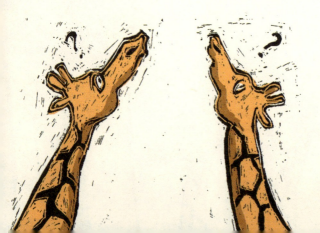

Kölsche Geschichte(n)

Und schließlich erzählen die Kölner noch die Geschichte von dem Verbrecher, der bei den Mönchen in der Abtei Groß Sankt Martin Unterschlupf suchte. Die Mönche lieferten ihn aber an seine Verfolger aus, und die empörten Anwohner zeigten ihre Wut über die Geistlichen durch den Kallendresser.

Wie dem auch sei, als Erinnerung an einen nackten Po, als Herausforderung an den Platzjabbeck oder als empörte Geste der Kölner gegen die Mönche, der Kallendresser ist ein kölsches Wahrzeichen. Er schmückt auch den "Kallendresser-Orden", den Personen erhalten, die sich um Köln besonders verdient gemacht haben, zum Beispiel auch Willy Millowitsch !

Die Gaffeln und die erste Kölner Verfassung

Nachdem die Patrizier besiegt waren, im Jahr **1396**, schlossen Handwerker und Händler in Köln einen Bund, um die Stadt gemeinsam zu regieren. Dazu klügelten die Handwerker ihre Abmachungen aus und schrieben sie zusammen auf ein Blatt Papier, den sogenannten Verbundbrief. Nun setzte jede Gaffel, so nannte man damals die Handwerkervereinigungen, ihr Siegel drauf und erklärte so ihr Einverständnis mit den Regeln. Diesen Verbundbrief mit den Abmachungen nennt man heute auch die erste Verfassung Kölns.
Als Verfassung bezeichnet man im allgemeinen das festgelegte Recht, was sich die Bürger einer Stadt oder eines Staates selbst geben.
Der Verbundbrief hängt noch heute im alten Zeughaus, dem heutigen Kölnischen Stadtmuseum

Das Kölnische Stadtmuseum

Das rot-weiß verzierte Haus, vor dem die Karnevalsjecken tanzen, was ja auch ganz typisch kölsch ist, ist ein berühmtes altes Gebäude in Köln. Du findest es an einem alten Stück Römermauer in der Zeughausstraße Nr. 1-3.

Kölsche Geschichte(n)

Im Zeughaus wurden früher Ritter- und Kriegsausrüstungen für alle Kölner aufbewahrt. Später plünderten die Franzosen es und nahmen die ganzen wertvollen Sachen einfach mit. Viel später wurde dann aus dem "Zeughaus" das "Stadtmuseum". Hier kannst du viele interessante Sachen sehen und spannende Geschichte(n) aus und über Köln erfahren. Außerdem gibt es tolle Führungen extra für Kinder und gar nicht langweilig! Versprochen! Auf dem Treppenturm vom Zeughaus steht übrigens heute ein vergoldetes Auto, ein Ford Fiesta mit Flügeln. Um das Auto herum gibt es auch eine lustige, typisch kölsche Geschichte.
Versuch einfach mal, sie im Zeughaus zu erfahren oder im Haus gegenüber beim Regierungspräsidenten. Der ärgert sich nämlich dumm und dusselig über das Auto!

75

1349

Der Richmodis-Turm

am Neumarkt. Im Mittelalter (**1349 n.Chr.**) herrschte für kurze Zeit in ganz Europa eine schlimme Krankheit. Sie wurde der "schwarze Tod" oder die Pest genannt. Es gab kein Heilmittel gegen diese Seuche, und so starben in 4 Jahren 25 Millionen Menschen. Die Panik war groß, und wegen der hohen Ansteckungsgefahr wurden die Menschen, gleich nachdem sie gestorben waren, beerdigt. Zu dieser Schreckenszeit spielt auch die nächste kölsche Geschichte:

Vor vielen, vielen Jahren lebte in Köln ein junges Ehepaar. Beide waren sehr verliebt, schön und reich, Herr Mengis und seine Frau Richmodis. Sie waren noch gar nicht lange verheiratet, da wurde die Frau sehr krank. Sie hatte die Pest. Als sie kein Lebenszeichen mehr von sich gab, wurde sie begraben.
Der Mann trauerte sehr um den Verlust. Die junge Frau war aber gar nicht tot. Als nachts Diebe ihre goldenen Ringe,

Kölsche Geschichte(n)

mit denen sie begraben worden war, aus dem Grab stehlen wollten, erwachte sie und ging nach Hause zu ihrem Mann.

Als der sie von seinem Turmzimmer aus sah, traute er seinen Augen nicht. Er konnte nicht glauben, dass die Frau dort wirklich seine tot geglaubte Ehefrau Richmodis war! So beschimpfte er sie als Lügnerin und sprach: "Eher stecken meine Schimmel den Kopf aus dem obersten Fenster des Turmes, als dass Ihr meine Frau seid." Kaum hatte er das gesagt, marschierten die Schimmel auch schon die enge Treppe des Turmes hoch und streckten oben den Kopf aus dem Fenster. Glücklich fielen sich die beiden Eheleute in die Arme, und Richmodis wurde bald wieder ganz gesund.
Am Neumarkt, Ecke Richmodisstraße, steht ein hoher schlanker Turm, aus dem heute noch zwei Pferdeköpfe heraus-schau-

Melaten

Es gab noch eine schlimme Krankheit im Mittelalter, gegen die es damals keine Medizin gab: der Aussatz oder die Lepra. Das war eine ansteckende Krankheit, die die Nerven und Knochen zerfraß. Jeder, der sich mit dieser Krankheit ansteckte, musste sofort die Stadt verlassen, sein Haus und seine Familie. Das war fast wie ein Todesurteil. Die Menschen mussten in das Leprosenhaus "Melaten", das an der Aachener Straße lag. Dort bettelten sie, damit sie überhaupt ein bißchen zu essen bekamen. Meist trafen sie auf die Kaufleute und Menschen, die damals schon über die große Aachener Straße in die Stadt hinein kamen. Genau dort ist heute der große Friedhof "Melaten", auf dem viele berühmte Kölner begraben sind.

Was gab's zu essen im Mittelalter?

Was das Essen angeht, so lebte man in Köln nicht schlecht. Viele Nahrungsmittel gelangten in Schiffen über den Rhein nach Köln.

Ein besonderer Luxus

Kölsche Geschichte (M)

Er kam in dicken Klumpen, als dicker Saft und als Kandiszucker aus fremden Ländern. Bei einem Festessen wurde ordentlich aufgetischt. In drei Gängen verschlangen die reichen Kölner massenhaft Fleisch und Fisch, und zum Schluss wurden verschiedene Kuchen und Gebäck aufgefahren.

Und die Kinder ?

Den Kindern ging es nicht so gut im Mittelalter. Sie galten als "nicht fertige Erwachsene". Viele starben gleich nach der Geburt. Mit 7 Jahren war die Kindheit dann auch schon vorbei. Dann mussten die Kinder lernen, arbeiten oder kräftig in der Familie mithelfen. Erwachsen war man schon mit 12 Jahren, und eine Schulpflicht gab es damals noch nicht. Nur ganz wenige Kinder durften überhaupt etwas lernen. Schreiben zu können galt als große Kunst. Es war auch nicht so wichtig wie heute, lesen und schreiben zu können.

Die Schulen gehörten früher zu den Kirchen und Klöstern. Die Kinder mussten ganz still sitzen und durften nicht sprechen. Wer unartig war, bekam mit der Rute eins auf den Po. Als Fremdsprache mussten sie Latein lernen, was heute überhaupt niemand mehr spricht. Aber auch schon damals wurde es fast nur in der Kirche gesprochen.

Auch das Spielzeugangebot war nicht gerade umwerfend. Man konnte wählen zwischen Würfeln (die waren aber nicht aus Holz oder Plastik, sondern aus Knochen), Bällen oder Tonfiguren.

Das rechtsrheinische Köln

Wie du ja schon weißt, war das ursprüngliche Köln ungefähr das Gebiet der Altstadt. Heute ist es natürlich viel, viel größer. Es schließt ja sogar ein Stück vom Rhein ein. Das Gebiet auf der anderen Seite des Rheins nennt man ganz einfach rechtsrheinisches Köln. Die Römer hatten ja schon eine Brücke zu der anderen Rheinseite gebaut, aber Deutz und Mülheim gehörten trotzdem noch nicht zu Köln.

Kölsche Geschichte(n)

Sie galten als eigenständige Dörfer, ja, alle Stadtteile, die außerhalb der großen Stadtmauer lagen, waren früher selbständige Dörfer. Natürlich gibt es auch dazu einige Geschichten:

Die Mülheimer "Gottestracht"

An Fronleichnam ist in Mülheim die Hölle los. Hunderte von Schiffen schwimmen auf dem Rhein und alle Kirchenglocken läuten. Dahinter steckt folgende Geschichte:

Es ist schon einige Jahrhunderte her, da schlich sich ein Dieb in eine Kirche in Mülheim und machte fette Beute. Mit einem Boot wollte er über den Rhein flüchten, doch das gelang ihm nicht. Mitten im Rhein wollte der Kahn nicht mehr weiter. Er rührte sich einfach nicht mehr, obwohl der Rhein hohe Wellen schlug. Der Dieb fiel ins Wasser und ertrank. Die Beute aber konnte gerettet werden und wurde feierlich von den Mülheimern zurück in die Kirche gebracht. Seitdem wird an jedem Fronleichnamsfest die "Mülheimer Gottestracht" gefeiert.

Der Deutzer Bock

In der Siegburgstraße in Deutz lebte einmal ein armer Schneider mit seiner Tochter und seiner Frau. Er liebte Vögel über alles. Im ganzen Haus hatte er Vogelkäfige stehen, und im Sommer stellte er sie nach draußen.

Auf der anderen Straßenseite aber wohnte ein feister Steuereintreiber, dem das Gezwitscher ganz schön auf die Nerven fiel. Aus Rache kaufte der sich einen schwarzen Ziegenbock, den er in einem Käfig über seine Türe hing. Der Steuereintreiber gab dem Ziegenbock nichts zu fressen, und so meckerte dieser von früh bis spät. Da der Schneider auch ein bißchen wie ein Ziegenbock aussah, riefen die Kinder: "Schneider, Schneider, meck, meck, meck", und alle lachten ihn aus.

Kölsche Geschichte(n)

Als der Ziegenbock krank wurde, nahm der Steuereintreiber ihn runter und hängte zur Erinnerung einen hölzernen Bock vor sein Haus. Doch der Spott ließ nicht nach. Bald konnte der Schneider ihn nicht mehr ertragen und hatte auch keine Kunden mehr. So zog er mit seiner Familie samt Vögeln fort. Jahre später trafen sich die Tochter des Schneiders, inzwischen reich geworden, und der Sohn des Steuereintreibers in Deutz wieder, verliebten sich und zogen zusammen in das Haus des Steuereintreibers. Den Bock ließen sie als Erinnerung hängen.

Heute steht auf dem Lorenzplatz in Deutz eine Säule mit einem Ziegenbock, und im Stadtmuseum findest du die Bockfahne, die zum Deutzer Schützenfest ausgehängt wurde.

Die Franzosen

Nun wollen wir aber noch ein wenig über die Kölner Geschichte erfahren. Wir waren ja im Mittelalter stehengeblieben. Mittelalter nennt man die Zeit von ca. 500-1500! Ganz schön lang, finden auch Griselda und Gereon. Als das Mittelalter vorbei war, war in Köln für längere Zeit nichts Besonderes los. Deshalb springen wir jetzt einfach ins **18. Jahrhundert,** als es wieder spannend wurde.

In Frankreich fand in dieser Zeit eine große Revolution statt. Die Menschen wollten alles verändern, vor allem wollten sie keinen König mehr und brachten ihn um. Freiheit, Gleichheit, Brüderlichkeit hieß ihr Motto, und das wollten sie auch allen anderen Menschen beibringen. Das geschah aber nicht immer sehr friedlich. So besetzten sie auch Köln für 20 lange Jahre. In dieser Zeit ging es den Kölnern nicht sonderlich gut. Sie mussten für die Eindringlinge ziemlich schuften, welche nichts Besseres zu tun hatten, als die Schätze aus Kirchen und Häusern zu rauben. Den Dom benutzten die Franzosen übrigens als Pferdestall.

Kölsche Geschichte(n)

Doch etwas Gutes haben die Franzosen in Köln doch gemacht: Sie haben die Stadt in 4 Bezirke eingeteilt, und alle Häuser bekamen Hausnummern, so dass sich die Menschen in der Stadt viel besser zurechtfinden konnten. Stell dir mal vor, es gäbe heute keine Hausnummern! Ob dann die Post wohl käme oder deine Freunde und Freundinnen dein Haus fänden? Was für ein Chaos!

Die berühmteste Kölner Hausnummer aus der Zeit ist die Nr. 4711 in der Glockengasse. Hier lebte und arbeitete der Kölnisch-Wasser-Destillateur Wilhelm Mülhens. Der gab seinem Kölnisch-Wasser einfach den Namen seiner Hausnummer, 4711, die in der ganzen Welt berühmt wurde. Das alte Haus 4711 steht noch in der Glockengasse und hat ein Glockenspiel unter dem Dach. Nach langer Reparaturzeit ertönt jetzt auch wieder das Glockenspiel zu jeder vollen Stunde, je nach Jahreszeit ein anderes Lied. Damit im Inneren des Glockenspiels keine Tauben mehr nisten können, müssen die sich drehenden Figuren jetzt durch Bürsten laufen. Bevor es diese Erfindung gab, haben sich nämlich zu jeder vollen Stunde, wenn die Törchen aufgingen, die Tauben dort eingeschmuggelt.

Das war gar nicht gut, weder für die Tauben noch für die Figuren des Glockenspiels. Jedesmal eine andere Taube blieb immer draußen als Wächterin zurück. – Schlaue Tauben!

Die Preußischen Forts

Als die Franzosen von den Preußen wieder weggejagt wurden, machten sich die Preußen in Köln breit. Mit dem gesamten Rheinland stand nun auch Köln unter preußischer Macht. Das gefiel den Kölnern nicht sonderlich gut, denn die Preußenkönige waren strenge, kriegstüchtige und sparsame Herrscher. Sie hatten eben die preußischen Eigenschaften, die sich bis heute in Köln nicht durchgesetzt haben. Ganz viel Wert legten die Preußen auf eine

Kölsche Geschichte(n)

Sie bauten Köln zur stärksten Festung im Westen aus, als Schutz gegen den Erzfeind gedacht, die Franzosen. Neben der alten Stadtmauer, die die Preußen als Befestigung nutzten, bauten sie noch zahlreiche Forts, die du dir heute noch anschauen kannst: zum Beispiel das alte Fort IV im Volksgarten und am Neusser Wall, im Norden, das Fort X.
Das ist das einzige vollständig erhaltene Fort des ehemaligen inneren Festungsrings. Hier kannst du ganz genau sehen, wie die Preußen ihre Festungsbauwerke anlegten.
An diesem inzwischen beschaulichen, kühlen Platz finden im Sommer immer Kinderaktionen und Bauspielplatzwochen statt.

Köln wird eine moderne Stadt

Dem preußischen König, der sich als Förderer der Kunst verstand, haben die Kölner zu verdanken, dass endlich der Dom fertig gebaut wurde und gleich daneben die Eisenbahn verlief, samt der ersten Eisenbahnbrücke über den Rhein.

Sie heißt bis heute Hohenzollernbrücke, obwohl sie nach dem Krieg erst wieder aufgebaut werden musste. Hohenzollern hieß das preußische Königsgeschlecht. Auf der Brücke und an einigen anderen Stellen - wie z.B. am Heumarkt - hinterließen die Preußen auch Reiterstandbilder ihrer Könige. Das sind die großen, grünen Metallpferde mit den dicken Hintern und den riesigen Männern drauf.

Die Preußen waren im **19. Jahrhundert** in Köln. Das war die Zeit der Industrialisierung. Überall wurden Fabriken gebaut, innerhalb der Stadtmauer, aber auch außerhalb in den Dörfern. Dazu zählten auch Nippes, Deutz, Mülheim und Kalk. Dort entstanden Spinnereien, Brauereien, Zuckerraffinerien und Metallfabriken. Einige der Firmennamen von damals gibt es noch heute in Köln: Stollwerck, Klöckner-Humboldt-Deutz, Auermühlen.
Immer mehr Menschen kamen in die Stadt, um hier zu arbeiten. Die ersten dampfgetriebenen Schiffe fuhren den Rhein hinauf. Die Köln-Düsseldorfer Dampfschifffahrtsgesellschaft wurde gegründet, und die erste Eisenbahnlinie führte von Köln nach Müngersdorf. Kurz drauf konnte man mit dem Zug schon bis nach Antwerpen und in Richtung Südosten von Köln nach Gießen reisen.

Kölsche Geschichte (M)

Noch etwas später wurden auch die Hafenanlagen im Rheinauhafen und einige der Häuser dort gebaut. Am bedeutendsten und spannendsten anzuschauen sind die alten Kräne an den Uferkais und die alte Drehbrücke über der Hafenzufahrt, die heute zum Schokoladenmuseum führt. Fast nirgends in Deutschland sind die technischen, hydraulischen Anlagen so vollständig erhalten wie an dieser Drehbrücke. Das musst du dir ansehen: Die Brücke kann in nur einer Minute ans Ufer zur Straßenseite gedreht werden, damit die Schiffe in den Hafen fahren können.
Am besten fragst du im Schokoladenmuseum nach, wann die Brücke bewegt wird.
Immer mehr technische Neuigkeiten wurden damals erfunden und entdeckt, immer mehr Fabriken gebaut. So wurde aus der mittelalterlichen Reichsstadt Köln langsam die Großstadt, deren Mauern zu eng waren. Sie wurden dann auch abgerissen, nachdem die Preußen weg und die alte Stadtmauer nicht mehr wichtig war für die Verteidigung der Stadt. So entwickelten sich um die Jahrhundertwende, also vor jetzt ungefähr hundert Jahren, die Ringstraßen. Wo vorher Mauern standen, wurden jetzt Straßen angelegt. Dahinter, stadtauswärts, entstand die Neustadt mit ihren - für damalige Verhältnisse

riesigen Neubaugebieten. Bald schon fuhren dort auch die ersten Autos und die Straßenbahn. Zu dieser Zeit und später wurden dann auch viele umliegende Dörfer zu Köln eingemeindet, die heutigen Stadtteile oder "Veedel", zum Beispiel linksrheinisch: Bayenthal, Ehrenfeld und Nippes oder rechtsrheinisch: Deutz, Poll, Kalk und Mülheim.

Köln im 20. Jahrhundert

Köln wurde immer größer: mehr Einwohner, mehr Stadtteile, mehr Handel und auch mehr Verkehr. Das Wachstum der Stadt brachte natürlich auch so seine Probleme mit sich, neue Straßen mussten gebaut werden, Brücken über den Rhein, und das Eisenbahnnetz musste auch vergrößert werden. Dabei ging der alten Stadt die Geschlossenheit verloren, die sie zuvor noch innerhalb ihrer Mauern bewahrte. Dafür erhielt die Stadt Köln aber ihre Stellung als wichtiger Verkehrs- und Handelsknotenpunkt am Rhein.
Im 1. Weltkrieg, also von **1914 - 1918**, wurde Köln sehr zerstört und bis **1926** gehörte die Stadt zur englischen Besatzungszone.

Kölsche Geschichte (11)

Köln hatte in dieser Zeit, genaugenommen von **1917 bis 1933**, einen berühmten Bürgermeister, Konrad Adenauer. Er war nach dem 2. Weltkrieg der erste Bundeskanzler Deutschlands.
Adenauer setzte sich stark für Köln ein. Schnell ließ er zum Beispiel die Universität neu gründen, und ihm dürfen die Kölner auch die "grüne Lunge" der Stadt danken. Er setzte sich dafür ein, dass in der Kölner Innenstadt viele breite Grünflächen - die Grüngürtel - erhalten oder angelegt wurden. Zum Glück, denn die sind nicht nur Klasse zum Spielen geeignet - Griselda und Gereon knabbern auch ganz gern an den Baumspitzen - sondern sie dienen auch als ein Sauerstoffspender für die belastete Kölner Luft!

Ab **1933** übernahmen dann die Nazis auch in Köln die Macht. Sie ermordeten viele Menschen, vor allem Juden auch in Köln. In Köln murksten die Nazis auch mächtig am Stadtbild rum und lösten dann auch noch den 2. Weltkrieg aus, bei dem in den Jahren von **1940 bis 1945** Köln völlig zerstört wurde.

Fast 90% der Altstadt wurden zerbombt und ungefähr 80% des gesamten Kölner Stadtgebiets. Du hast bestimmt schon einmal Bilder oder Postkarten aus dieser Zeit gesehen.
Ein schrecklicher Anblick! Ein Wunder, dass überhaupt noch so viele geschichtliche Gebäude heute zu sehen sind! Manchmal kann man in Straßen von vor dem Krieg auf Fotos später nicht ein einziges Haus mehr erkennen. Nach dem 2. Weltkrieg lebten nur noch 40.000 Einwohner in Köln. Das sind weniger als die Bewohner einer Kleinstadt!
Und die armen Leute standen nun vor den Ruinen und sollten alles wieder aufbauen.

Köln fiel wieder in die Besatzungszone der Engländer. Diesmal waren sie mit Adenauer als Bürgermeister aber nicht einverstanden - der wurde ja auch bald zum Kanzler gewählt - und nur sehr langsam ging der Wiederaufbau von statten. Die Kirchen setzten sich sehr für die Wiedererrichtung ihrer Gebäude ein. Bis jetzt wird noch an einigen romanischen Kirchen aufgebaut.

Kölsche Geschichte(n)

Weniger großzügig zeigte sich jedoch die Stadt mit der Herrichtung der alten Wohnhäuser aus dem 19. Jahrhundert. Die meisten wurden ganz abgerissen und neue Häuser und Siedlungen angelegt.

Heute ist Köln eine attraktive und wichtige Großstadt. Nicht nur Touristen locken Kölns Schokoladenseiten, auch die Kölner erfreuen sich an den vielen Sehenswürdigkeiten ihrer Stadt. Griselda und Gereon finden auch, dass Köln eine tolle, moderne Stadt ist, wo so viele Fernseh- und Radiostationen zu Hause sind, so viele Leute studieren wollen, so viele Künstler leben, ständig Messen und Ausstellungen angeboten werden. Die Giraffen platzen nun wirklich fast vor Neugier! Endlich wollen sie alles noch genauer kennenlernen, was in Köln so los ist. Begleite sie doch noch weiter, du kannst in den folgenden Kapiteln viele aufregende Orte und tolle Angebote kennenlernen!

Raus aus dem Haus

Was ist in den Stadtvierteln los?

Tips und Adressen

3. KAPITEL: Museen, Theater, Kino und Musik

Museen, Theater, Filme und Musik, die große Kunst für kleine Leute. Eine immer wieder faszinierende Welt der Bilder, Fantasie, Geschichten und Geräusche, die nicht den Erwachsenen gehört.

Kunst hat viel mit Kreativität zu tun und da bist du meistens den Erwachsenen einen Schritt voraus! Außerdem ist Kunst nicht nur zum Betrachten, Hören oder Zuschauen gedacht, sondern zum Mitmachen. **Also los!**

MUSEEN

In Museen werden Bilder, Skulpturen, Gegenstände oder Photographien zu bestimmten Themen ausgestellt. Manche Museen bieten jeden 2. und 4. Mittwoch im Monat Führungen für Kinder von 5-12 Jahren an.

Das heißt, die Museumsleute gehen mit dir durchs Museum und erzählen dir etwas zu den Bildern oder was sonst gerade ausgestellt wird. Die machen das wirklich sehr spannend und so, dass du alles verstehst.

Museen

Du musst auch nur ganz normal das Eintrittsgeld für das Museum bezahlen, die Führung ist dann umsonst. Am besten fragst du beim Museumsdienst Köln nach, was für dich gerade dabei ist.

Museumskurse, ein echter Hit!

In den einzelnen Museen werden tolle Kurse für Kinder angeboten, in denen du auch ganz verschiedene Kunsttechniken kennenlernen kannst. Außerdem kannst du hier auch Deinen Geburtstag feiern mit einem Spiel- oder Bastelnachmittag.
Der Museumsdienst Köln organisiert das alles für Kinder.
Das aktuelle Kursangebot für Kinder kannst du in den zweimal jährlich erscheinenden Halbjahresprogrammen finden.

RÖMISCH-GERMANISCHES MUSEUM

Darüber hinaus lockt der Museumsdienst im Rahmen der Oster-, Sommer- und Herbstferienprogramme mit einem tollen Angebot von Veranstaltungen. Die Kursgebühren werden jeweils im Programmheft des Museumsdienstes veröffentlicht.

Museumsdienst Köln

Schaevenstraße 1b, 50676 Köln
Tel. 221 40 76.
Informationen und Buchung:
Praktische Kurse, Arbeitsgemeinschaften, Kindergeburtstage bei
Frau Gisela Orlopp,
Tel.: 221 40 77

Gruppenführungen für Kinder, Jugendliche und Erwachsene, Unterrichtsgespräche Tel.: (0221) 221 40 77, 221 41 98 oder 221 34 68 (Gisela Orlopp, Vera Scharrenbroich und Klaus Linz)

Museen

Die Anmeldung kannst du telefonisch machen, per Postkarte oder Bestellformular (erhältlich an den Museumskassen). Sie ist verbindlich und sollte nicht später als 10 Tage vor Beginn des Kurses erfolgen.

Sprechzeiten:

Montag-Donnerstag
8- 13 Uhr und 13.30-16 Uhr,
Freitag 8-12 Uhr
"Rund um die Uhr" automatischer Informationsdienst zu den Museen und ihren Ausstellungen: **221 43 43**. Montags bleiben die Museen der Stadt Köln geschlossen.

DIE SCHÖNSTEN MUSEEN

Köln hat so viele schöne und interessante Museen, dass es schwer fällt, sich zu entscheiden, welches denn das schönste ist. Es gibt Museen über die Geschichte Kölns, Museen, die Kunstgegenstände ausstellen, aber auch Spielzeugmuseen und das Schokoladenmuseum. Fast alle Museen bieten extra Angebote für Kinder. Um sicher zu sein, dass du auch wirklich das Programm antriffst, das du erwartest, lohnt es sich, vor dem Museumsbesuch kurz anzurufen und nachzufragen, was im Moment Besonderes geboten wird. Die Museumsleute sind meist sehr nett.

Museum Ludwig
Wallraf-Richartz-Museum

Bischofsgartenstr. 1
50674 Köln
Tel.: 221 23 79

Dienstag bis Freitag 10-18 Uhr, Samstag und Sonntag 11-18 Uhr.
Im Moment sind hier noch zwei Museen unter einem Dach. Für das berühmte Wallraf-Richartz-Museum, in dem viel alte und

Museen

mittelalterliche Kunst gezeigt wird, wird ein ganz neues Haus gebaut. Im Museum Ludwig sind vor allem moderne Bilder und Skulpturen ausgestellt. Von diesem Museum gibt es auch einen superschönen und spannenden Museumsführer für Kinder. Hier werden viele verschiedene Kurse und Kreativwochenenden für dich angeboten, in denen du die verschiedensten künstlerischen Techniken kennenlernen kannst, wie z.B. Malen, Zeichnen, Linolschnitt, Siebdruck, Modellieren, plastisches Gestalten und noch viel mehr.

Römisch-Germanisches Museum

Roncalliplatz 4
50667 Köln
Tel.: 221 44 38 und 221 23 04

Dienstag bis Freitag 10-16 Uhr, Samstag und Sonntag 11-16 Uhr
Das ist der absolute Kindermuseumsrenner. Schon vor dem Museum beginnt die Römerzeit mit einer alten Römerstraße und vielen alten Säulenstücken. Drinnen fühlst du dich dann, als wärst du mit der Zeitmaschine gereist.

Alles, was man aus der Römerzeit in Köln gefunden hat, kannst du hier bewundern. Und das ist wahrlich nicht wenig, denn sie waren ja ziemlich lange in Köln. Hier werden praktische Museumskurse für dich mit Rollenspielen angeboten und Kurse, in denen du antike Techniken kennenlernst, wie mit Ton und Stein gearbeitet wird oder Mosaike gelegt werden.

Kölnisches Stadtmuseum

Zeughausstr. 1-3
50667 Köln
Tel.: 221 57 89 und 221 23 98
*Dienstag bis Freitag 10-16 Uhr,
Samstag und Sonntag 11-16 Uhr*

Hier findest du alles zur Kölner Stadtgeschichte und gar nicht langweilig. Du erfährst Erstaunliches über den kölschen Karneval und andere kölsche Eigenheiten. Geschichte, Bräuche und kölsches Leben kannst du hier selbst erleben! Das Museum bietet Kurse zum Herstellen von mittelalterlichem Gerät und Rüstungen an. Dabei werden Rollenspiele eingeübt und sogar Ritterturniere durchgeführt! Viel Spaß!

Museen

Rautenstrauch-Joest-Museum

Museum für Natur-
und Völkerkunde
Ubierring 45
50678 Köln
Tel.: 336 94 13
*Dienstag bis Freitag 10-16 Uhr,
Samstag und Sonntag 11-16 Uhr*

Willst du etwas über andere Völker
und ihre Lebensgewohnheiten
erfahren? Zum Beispiel über
Indianer? Das Museum hat immer
wieder tolle Ausstellungen, bei
denen du etwas über ein Volk oder
eine bestimmte Zeit erfahren
kannst. Es gibt auch praktische
Kurse in textilem
Gestalten, Arbeiten in
Holz und Ton. Auch
Rollenspiele werden
angeboten, durch
die du Menschen
und Bräuche
kennenlernen
kannst, die nicht
aus Europa kommen.

Museum für Angewandte Kunst

An der Rechtschule
50667 Köln
Tel.: 221 38 60 und 221 29 95
Dienstag bis Freitag 11-17 Uhr .

Für einzelne Schulklassen, die sich zu Führungen anmelden,
Öffnung ab 10 Uhr möglich!
Samstag und Sonntag 12-17 Uhr
Hier kannst du Kunsthandwerk vom Mittelalter bis in die heutige Zeit bewundern. Auch Modehits aus diesem Jahrhundert sind ausgestellt. Das Museum bietet extra Kurse für dich, in denen du eigene Kleidungsstücke entwerfen kannst. Zusätzlich wird das Angebot durch Kurse zu Schmuckarbeiten, Objektgestaltung, textile Gestaltung und Zeichenkurse vervollständigt.

Museen

"Schokoladenmuseum"
Imhoff-Stollwerck-Museum für Geschichte und Gegenwart der Schokolade

Rheinauhafen 1a
50678 Köln
Tel.: 931 888 11

*Montag-Freitag 10-18 Uhr,
Samstag und Sonn- u. Feiertags
11- 19 Uhr*

109

Hier werden deine Träume wahr! Schokolade, wo du nur hinsiehst und alles was damit zu tun hat. Willst du wissen, wie die Schokolade aussieht, bevor sie in deinem Mund landet? Wie die riesigen Maschinen arbeiten, damit die Schokolade eckig wird? Im Schokoladenmuseum kannst du das erfahren, auch wo die Schokolade herkommt. Gleich am Eingang bekommst du ein kleines Schokolädchen geschenkt und auf dem weiteren Weg durch das Museum gibt es noch viele Möglichkeiten mal zu naschen, sogar aus einem Schokoladenbrunnen!

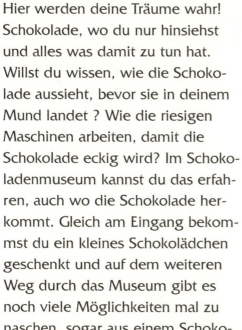

Spielzeugmuseum "Sammlung Lückert"

Kolumbastr. 4
50667 Köln
Tel.: 25 10 50
*Dienstag und Donnerstag
11 - 18 Uhr.*

Hier kannst du jede Menge alter Spielsachen bewundern. Vor allem Puppen und Puppenstuben, mit denen Kinder schon vor 200 Jahren bis zur Vorkriegszeit gespielt haben. Montags gibt es eine besondere Führung in den kleinen, aber mit auserwählten Spielzeug ausgestatteten Räumlichkeiten. Dazu musst du dich aber vorher anmelden.

Museum der Puppengeschichte

Joyce Merlet
Ehrenstraße 48
50672 Köln
Telefon: 254642
*Montag-Freitag 11-18.30 Uhr,
Samstag 11-14 Uhr*

Weißt du, mit welchen Puppen deine Großmutter und Urgroßmutter als Mädchen gespielt haben und wie Puppenkleider und Puppenmöbel ausgesehen haben ?

Museen

Wenn du dir die Puppen und
Spielsachen in diesem Museum
ansiehst, weißt du es. Außerdem
gibt es noch einen kleinen Zoo mit
Kaninchen und Meerschweinchen
zum Streicheln! Hier kannst du
auch Puppen reparieren lassen.

Manche Museen, die für dich
bestimmt interessant sind, liegen
etwas weiter weg, da fragst du am
besten deine Eltern, ob die mit dir
hingehen oder eher hinfahren.

Luftfahrtmuseum

Köln-Butzweilerhof
Butzweilerhof 35
50827 Köln
Tel.: 59 19 09

Einmal fliegen können !
Dieser Traum bewegt Kinder und
Erwachsene!
Flugzeuge, Hubschrauber,
Maschinen, aber wie geht das
eigentlich mit dem Fliegen?

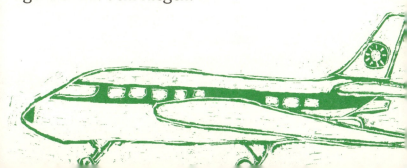

Im Luftfahrtmuseum kommst du der Erfüllung vieler Flugwünsche ganz nah. Hier kannst du selbst ins Cockpit eines Hubschraubers oder Flugzeugs einsteigen, die verschiedenen Knöpfe und Hebel drücken. Auch von der Geschichte des Fliegens erfährst du so einiges. Ein aufregender Ausflug!

Schulmuseum

Sammlung Cüppers
Kempener Str. 187
51467 Bergisch-Gladbach
Telefon 02202/ 8 42 47

Immer wieder Schule. Auch noch in der Freizeit? Nein, danke!
Wenn du das denkst, verpasst du einen unglaublichen Spaß.
Im Schulmuseum werden Unterrichtsstunden nachgespielt, wie sie vor vielen Jahren noch die Regel waren, als deine Oma und Opa oder deine Eltern noch die Schulbank drückten. Wie es da zuging! Und die Tische und Stühle, an denen sie gesessen haben, seltsam. Urkomisch, die Lehrer, ihre Kleidung, ihr Gerede! Hier kannst du herzhaft lachen und vielleicht entdeckst du, wie schön deine Schule ist.

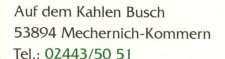

Museen

Rheinisches Freilichtmuseum Kommern

Auf dem Kahlen Busch
53894 Mechernich-Kommern
Tel.: 02443/50 51
Von April bis Oktober geöffnet von 9-18 Uhr, November bis März von 10 bis 16 Uhr

Hierhin lohnt es sich, einen Ausflug mit Freunden, Eltern oder der Schulklasse zu planen, wenn du erfahren willst, wie man früher mal im Rheinland gewohnt und gearbeitet hat. Ein richtiges kleines Dorf wartet auf Dich mit Spielzeug, Kleidung und Lebensgewohnheiten aus dem vorigen Jahrhundert. Zu bestimmten Zeiten werden auch Kurse Angeboten, bei denen du selbst anpacken kannst, zum Beispiel beim Stall ausmisten oder Tiere füttern! Und Brot gibt es hier so, wie es früher gebacken wurde, auch heute noch.

THEATER

Köln ist wohl die Stadt Deutschlands, die die meisten Kindertheater zu bieten hat. Aber nicht alle Theater haben eine feste Bühne oder ein richtiges Haus. Viele sind freie Theater oder Wander-Theater, die in verschiedenen Städten oder auch in Schulen, Kindergärten oder bei Festen auftreten.

Hier findest du Theater, in die du regelmäßig gehen kannst oder bei denen du auch mitspielen kannst. Die Telefonnummern sind angegeben. Wenn du dort anrufst und fragst, erfährst du das Programm und kannst auch gleich Karten reservieren.

Kölner Künstler Theater

Stammstraße 8
50823 Köln
Telefon: 510 76 86

Hier wird nur Kinder- und Jugendtheater aufgeführt! Täglich kannst du in einem Stück Figurentheater und Schauspiel miterleben.

Theater, Kinos

Auch du wirst mit einbezogen und kannst richtig mitmachen!
Für Kinder von 3-10 Jahren stehen Spaß und Zusammenspiel im Vordergrund des Kindertheaters und für Ältere wird es auch ganz schön spannend.
Mitdenken ist angesagt, deine Meinung ist gefragt!

Freies Werkstatt Theater

Zugweg 10
50677 Köln
Telefon: 32 78 17

Hier wird nicht nur vorgeführt, sondern du kannst auch mitspielen. Kurse und Theaterprojekte für Kinder werden angeboten.
Manchmal wird auch nach den Aufführungen noch gespielt, du musst aber vorher schon anfragen und dich anmelden.

Horizont Theater

Thürmchenswall 25
50668 Köln
Telefon: 13 16 04

Im Horizont Theater finden Kurse und Arbeitsgruppen zu Kindertheaterstücken statt. Besonders für die Kinder aus dem Nordstadtviertel ist das kleine Theater eine besondere Attraktion: Sie dürfen bei Proben für neue Kindertheaterstücke zuschauen, fragen und ihre Ansichten einbringen. Regelmäßig werden Kinderschauspiele aufgeführt.

Hänneschen-Theater

Eisenmarkt 2-4
50667 Köln
Telefon: 258 12 01

Hänneschen-Theater heißt das berühmteste kölsche Puppenspieltheater. Hier musst du schon ein bißchen kölsch verstehen, um kräftig mitlachen zu können. denn schon bei der Begrüßung heißt es "Sitt er all do ?" Und dann kommen Geschichten von Hänneschen, Bärbelchen, Tünnes und Schäl.

Die Figuren sollen alle aus einem Dorf namens Knollendorf kommen. Deshalb sind alle Knollendorfer und heißen mit Nachnamen meist Knoll. Karten mußt du unbedingt vorbestellen. Das Theater ist so beliebt, dass es manchmal auf lange Zeit schon ausverkauft ist. Für die Nachmittagsvorstellungen gibt es oft noch freie Plätze.

Spielball-Theater

Genovevastraße 72
51063 Köln
Telefon: 61 84 68
Das Spielball-Theater ist ein Tourneetheater, dass heißt, es spielt immer an verschiedenen Orten:

In Schulen, Kindergärten, Bürgerzentren und manchmal auch ganz in deiner Nähe, in Theatern und bei Festen. Es ist aber auch ein Projekttheater und das ist das Tolle! du kannst bei der Erarbeitung der Stücke selbst mitmachen! Das Stück wird von Kindern geschrieben und später von Erwachsenen für andere Kinder aufgeführt. Tonangebend bist du! Hier kommst du zu Wort, Spaß und Spiel. Frag doch mal nach, wann das Theater in deiner Gegend arbeitet!

Comedia Colonia

Löwengasse 7-9
50676 Köln
Telefon: 24 76 70

Ömmes & Oimel heißt das bekannte Kinder- und Jugendtheater der Comedia Colonia. Schon ab 5 Jahren kannst du dir hier tolle Stücke ansehen.

Theater, Kinos

Kleine Komödie

Turinerstraße 3
50668 Köln
Telefon: 12 25 52

Helden, die du aus Büchern oder dem Fernsehen kennst, kommen hier auf die Bühne. Täglich kannst du einem fröhlichen Spektakel mit aufwendigen Kostümen vor bunten Kulissen beiwohnen. Lass dich überraschen!

atelier-Theater

Roonstr. 78
50674 Köln
Telefon: 24 24 85

Hier lädt dich entweder ein lilafarbener "Lindwurm" zum Mitspielen ein oder ein Wurm geht mit dir auf die Reise. Natürlich kannst du auch nur zuschauen. Fantasievolle Stücke und ein interkulturelles Angebot zeichnen das atelier-Kindertheater aus. Mal sehen was gerade läuft!

Studiobühne Köln

Universitätsstraße 16
50923 Köln (Sülz)
Tel.: 470 45 13

Die Studiobühne - ursprünglich mal nur ein Studententheater - macht inzwischen einige Kinderproduktionen. In den meisten darfst du selber mitspielen und es gibt viele tolle Tips zum Spielen und Schauspielern, die du immer wieder gebrauchen kannst!

Casamax

Berrenratherstr. 177
50937 Köln
Tel.: 44 76 61

Im Casamax werden Stücke von Kindern für Kinder aufgeführt, viel experimentiert und der besondere Hit: Hier treffen Kinder mit verschiedenen Nationalitäten aufeinander, um zusammen zu spielen.

KINOFILME

Zusammen mit dem Jugenfilmclub findet einmal im Jahr das beliebte "Kinderfilmfest" in all den unten genannten Spielstätten statt. Dabei werden ganz viele Kinderfilme gezeigt und ihr dürft sogar praktisch mitarbeiten! Weitere Informationen dazu gibt es im Jugendfilmclub Köln, Hansaring 82-86, 50670 Köln, Tel. 12 00 93

In Köln gibt es natürlich viele Kinos. In den meisten wird auch immer mal wieder ein Kinderfilm gezeigt, aber einige Häuser bieten ein richtiges Kinderkinoprogramm an. Es lohnt sich, da hinzugehen. Was aktuell gezeigt wird, erfährst du aus der Zeitung oder über's Telefon. Die automatische Ansage für Filme linksrheinisch erreichst du unter der Telefon Nummer 115 11 und für das Angebot rechtsrheinisch mußt du 115 14 wählen.

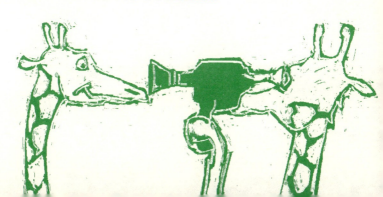

Metropolis Lichtspieltheater

Ebertplatz 19
50668 Köln
Telefon: 739 12 45 (das ist der Anrufbeantworter, der dir das Programm sagt) Telefon: 72 24 36 (für Fragen, die dir der Anrufbeantworter nicht beantworten kann)

Jeden Tag sind zwei Kinderfilme im Programm, die von richtigen Kinderfilmexperten ausgesucht werden und jede Menge Spaß machen. Lass dir das Programm doch einfach zuschicken.

Odeonkino

Severinstraße
50678 Köln
Telefon: 31 31 10

Hier ist jeden Sonntagnachmittag um 14.00 Uhr gutes Kinderkino angesagt.

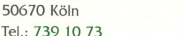

Kinderkino Alte Feuerwache

Melchiorstraße 3
50670 Köln
Tel.: 739 10 73

Hier gibt es eine eigene Abteilung, die sich nur um Kinder kümmert. Deshalb läuft hier auch ein extra Kinoprogramm für dich. Einen Veranstaltungskalender kannst du dir zuschicken lassen.

Bürgerhaus Kalk

Kalk-Mülheimer Str. 58
51103 Köln
Tel.: 987 60 20

An jedem ersten Sonntag im Monat gibt es hier einen extra Kinderfilm-tag. Am gleichen Tag findet auch ein Kinder-Trödelmarkt statt, also volles Programm! Auch hier kannst du, wenn du anrufst, eine Übersicht der Veranstaltungen zugeschickt bekommen.

MUSIK

Im Radio und Fernsehen, von Kassette oder CD ein bisschen Musik am Tag ist einfach schön. Etwas Besonderes ist es aber, zu einem Konzert zu gehen, die Musiker oder Musikerinnen bei ihrer Arbeit zu beobachten und natürlich zu belauschen.

Da gibt es in Köln auch etwas ganz besonderes:
die **Kölner Philharmonie**.
Sie liegt unter dem Museum Ludwig, fast so tief wie der Rhein in der Bischofsgartenstraße 1 in 50667 Köln. (Tel. 20 40 80). Sie ist einfach wunderschön gebaut und in dem großen Konzertsaal kannst du an jedem Platz wirklich toll hören.
Im Jahr 1996 feierte sie ihren 10. Geburtstag und in ihrem jungen Alter hat sie auch für Kinder so einiges zu bieten. Das Programmheft der Philharmonie ist bei allen Eintrittskartenvorverkaufs-stellen erhältlich, also auch bei **Köln-Ticket**, oben, vor der Philharmonie und gleich neben dem Römisch-Germanischen-Museum, auf dem Roncalliplatz 5 in 50667 Köln, Tel.: 28 01.
Im Programm sind die Kinderkonzerte, die meistens sonntags stattfinden, gekennzeichnet.

Musik

Dazu gibt es dann auch noch eine Führung durch das Gebäude der Philharmonie und du kannst auch im Orchestergraben Instrumente sehen und alle Fragen, die dir einfallen, stellen. Eine tolle Welt!
Die **Oper der Stadt Köln** hat auch ein eigenes Programm für dich: Die Kinder-oper. Ob "Hänsel und Gretel" oder "Die Mäusehochzeit", das wechselnde Programm sieht regelmäßig Vorstellungen für dich vor. Das Programm bekommst du an der Oper. Die findest du am Offenbachplatz 1 in 50667 Köln, oder du rufst an und fragst unter der Nummer 221 84 00 nach den Kinderaufführungen.

Die **Jazz Haus Schule** bietet auch prima Konzerte: "Musik für Pänz". Hauptsächlich Pop-, Rock-, Volksmusik und Jazz kannst du bei diesen Konzerten hören. Wann sie stattfinden, erfährst du aus der Zeitung oder bei der Jazz Haus Schule in deinem Stadtteil.
Hier kannst du übrigens auch lernen, wie Instrumente gespielt werden. Genaue Informationen erhältst du von der Offenen Jazz Haus Schule, Eigelsteintorburg in 50668 Köln, Tel.: 13 85 72, *montags bis donnerstags von 14Uhr bis 17.30 Uhr.*

RAUS AUS DEM HAUS

4. KAPITEL: Hier ist was los!

Nun weißt du schon viel über die Kunstszene in Köln. Das Angebot an Museen, Theater, Filmen und Musik erweckt aber bestimmt auch deine Neugierde und Lust, selbst künstlerisch tätig zu werden.

Möchtest du malen, wie eine große Künstlerin oder ein Künstler? Tanzen, Singen oder ein Musikinstrument spielen?
Oder wusstest du eigentlich schon immer, dass du die beste / der beste Schauspieler(in) bist?

Oder willst du einfach nur mal ausprobieren, was dir Spaß macht, welche künstlerische Ader in dir schlummert? In Köln gibt es viele Angebote und Möglichkeiten, deine künstlerischen Aktivitäten und Vorstellungen zu verwirklichen.

Raus aus dem Haus

Willst du malen lernen, wie eine große Künstlerin oder ein großer Künstler?

KUNSTSCHULEN

Jugendkunstschule Köln

Hansaring 66
50670 Köln
Telefon: 13 24 41

Hier werden Kurse zu den Themen Malen, Zeichnen, Bildhauerei, Theater, Tanz, Gitarre, Klavier, Gesang, Foto, Computer, Töpfern und noch vieles mehr angeboten. Die Jugendkunstschule ist in vielen Stadtteilen vertreten und bietet Kurse für Kinder ab 3 Jahren an. Am besten, du rufst einfach mal an und erkundigst dich nach dem aktuellen Kursangebot, sie schicken dir auch ihren Jahresplan zu.

Kölner Malschule

Subbelrather Straße 275
50825 Köln
Telefon: 552 40 41

In der Kölner Malschule in Ehrenfeld findet *Dienstag und Donnerstag von 15-16.30 Uhr* ein Kinderatelier statt, wo du zeichnen, malen, basteln und drucken kannst. Das Kinderatelier ist für Kinder von 6-10 Jahren und geht über 24 Unterrichtsstunden. Toll ist auch, dass die Gruppen so schön klein sind, nur 6 Kinder pro Team. Da kannst du deiner Kreativität freien Lauf lassen.

Jugendkunstschule Rodenkirchen

Sommershof Hauptstraße 71
50996 Köln
Telefon: 35 45 52

Hier werden folgende Kurse angeboten: Fotografie, Computer, Radio, Keramik, Skulptur, Malerei, Sprache und Tanz. Dabei bist du schon ab 4 Jahren, wenn du dich mündlich oder schriftlich anmeldest, bzw. anmelden lässt. Die meisten Kurse gehen fortlaufend über 8-10 Stunden an verschiedenen Tagen. Natürlich nicht am Stück.

Raus aus dem Haus

THEATER

Theaterpädagogisches Zentrum Köln e.V. (TPZ)

Genter Straße 23
50672 Köln
Telefon: 52 63 04

Im TPZ kannst du Theaterstücke ansehen oder auch beim Zirkus Wibbelstetz zuschauen. Wenn du aber nicht immer nur zuschauen willst, kannst du hier auch selbst auf die Bühne gehen! Es gibt eine Kindertheatergruppe, die regelmäßig probt und selbst Theaterstücke aufführt.

Kreativwerkstatt Bürgerhaus Kalk

(Kino & Theater)
Kalk-Mülheimer Straße 58
51103 Köln
Telefon: 987 60 20

Hier gibt es ganz viele Theater- und Kunstkurse für dich. Die aktuellen Programme kannst du telefonisch bestellen.

MUSIK UND GESANG

Offene Jazz Haus Schule

Eigelsteintorburg
50668 Köln
Tel.: **13 85 72**

Hier werden Kurse jeweils über ein halbes Jahr angeboten. Musikalischer Schwerpunkt liegt auf Jazz, Volks-, Rock- und Popmusik. Für Kinder ab 4 Jahren läuft ein grosses Programm in vielen Stadtteilen. Einfach mal nachfragen!

Rheinische Musikschule
der Stadt Köln

Vogelsanger Str. 28
50823 Köln
Tel.: **951 46 90**

Kurse zum Musizieren und Singen werden hier angeboten. Spielkreise, musikalische Früherziehung, Gesang, Orchester und Bandformierungen sind Teile des musikalischen Bildungsangebot. Die Musikschule ist in fast allen Stadtvierteln vertreten, wo auch regelmäßig Konzerte und Aufführungen organisiert werden.

Raus aus dem Haus

Vocal Academy

Severinstr. 25
50678 Köln
Tel.: 323 362

In kleinen Kursen haben Kinder hier die Möglichkeit, sich spielerisch dem Gesang zu nähern. Bewegung, Musik und Spiele bringen in fortführenden Kursen Stimme und Körper in Form. Schon für die ganz Kleinen!

Ehrenfelder Kinderchor

Försterstr. 31
50825 Köln
Tel.: 551104

Kinder ab 6 Jahren sind hier herzlich willkommen. In weiterführenden Kursen wird Singen nach Noten spielerisch gelernt. Veranstaltungen und Aufführungen der Erfolge stehen regelmäßig auf dem Programm.

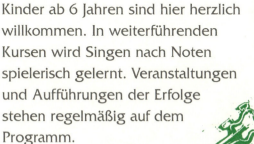

ZIRKUS

Auch in der Kunst tut sich was. Neue Musik, Neues Theater, Neue Malerei und so weiter sind Begriffe, die neue Richtungen aufzeigen. Neue Bereiche und neue Formen der Darstellung werden ausprobiert und zum Beispiel Pantomimen, die früher nur im Zirkus auftraten, sind nun häufig im Theater oder Musikvorstellungen zu sehen. Und sind Akrobaten etwa keine Künstler? Das kannst du selbst entscheiden, wenn du mal in die sogenannte "Zirkuswelt" reinschnupperst und vielleicht hast du ja auch Lust, selbst Kunststückchen zu lernen!

Pantomimen Schule Köln

Mehmet Fistik
Roonstr. 78
50674 Köln
Tel. 24 24 85

Hier kannst du Theater ohne Sprache lernen! Eingesetzt wird der Körper und Gesichtsausdruck.

Raus aus dem Haus

Ohne Worte einem anderen etwas mitzuteilen, ist gar nicht so leicht! Läßt sich aber erlernen. Geh doch einfach mal zur Pantomimen Schule. Alle Kinder ab drei Jahren sind zum zuschauen und mitmachen herzlich willkommen!

Kinder- und Jugendzirkus
Linoluckynelli

Unnauer Weg 96 A
50767 Köln-Lindweiler
Telefon: 79 88 58

Hier findet ein Schnuppertraining für zukünftige Zirkuskünstler statt. Ruf doch einfach mal an und frag nach, wann du vorturnen kannst!

Kölner Spielezirkus e.V.

Wissmannstraße 38
50823 Köln
Telefon: 56 22 54

Das ist eine richtige Zirkusschule für Kinder und Jugendliche im Alter von 6 bis 16 Jahren. Hier lernst du Jonglieren, Seiltanzen, Einrad fahren, Akrobatik, und, und, und. Die halbjährigen Kurse beginnen jedes Jahr Ende August.

Zirkus Wibbelstetz

(über das TPZ)
Genterstraße 23
50672. Köln
Telefon: 52 17 18

Das ist ein Kinderzirkus, in dem rund 25 Kinder zwischen 8 und 18 Jahren mitwirken. Die Gruppe trainiert regelmäßig, wie eine richtige Zirkustruppe und hat auch zu verschiedenen Zeiten im Jahr öffentliche Auftritte.

Kinderzirkus Zappelino

Burgwiesenstraße 125
51067 Köln
Telefon: 69 96 83

Zur Zeit ist dies noch ein Zirkus nur für Kinder, die auf die Gesamtschule Hohlweide gehen. Aber ab 1997 soll sich das ändern. Dann haben alle Kinder die Möglichkeit, hier je nach Interessen und Fähigkeiten, artistische, träumerische und tänzerische Nummern einzustudieren.

Raus aus dem Haus

Hier gibt es was zu sehen:

Westdeutscher Rundfunk WDR

Appellhofplatz 1
50667 Köln
Telefon: 220 67 44

Hier wird die Maus gemacht! Hast du Lust, einmal hinter die Kulisseneines Fernsehsenders zu gucken? Und, wie wird eigentlich ein Radioprogramm gemacht ? Der WDR bietet kostenlos Führungen an. Allerdings nur für Gruppen, man muss sich schon mehrere Monate vorher schriftlich anmeden.

Feuerwehr

Willst du mal sehen, was ein Feuerwehrmann alles zu tun hat, in ein großes Feuerwehrauto steigen und dir ein bisschen was dazu erzählen lassen ?

Dann suchst du dir noch ein paar Kinder zusammen, die das auch sehen wollen und meldest dich bei der Feuerwehr zu einer Führung an.

Du findest die Hauptverwaltung aller Feuerwehren in Weidenpesch, in der Scheibenstraße 13.
Aber normalerweise guckst du dir besser die Feuerwehr deines Stadtteils an.
Wo du die findest, das sagen dir die Leute aus Weidenpesch, wenn du folgende Telefonnummer wählst: 749 22 13.

Du kannst dich aber auch beim Amt für Feuerschutz, Rettungsdienst und Bevölkerungsschutz - ganz schön langer Name - erkundigen, die helfen dir bestimmt auch weiter!
Telefon: 97 48-0

Stadtführungen

Willst du mal ein bisschen durch die Kölner Straßen spazieren und dir dabei etwas erzählen lassen?

Raus aus dem Haus

Es gibt unheimlich spannende und auch lustige Geschichten über das alte Köln und seine Bewohner. Oder willst du wissen, woher manche Straßen ihre Namen haben? Dann mach doch eine Stadtführung für Kinder mit!

StattReisen Köln

Hansaring 135
50670 Köln
Telefon: 732 51 13 oder 73 80 95

Hier werden mehrere Touren und Führungen angeboten. Bestimmt ist eine dabei, die dich interessiert. Lass dir das Programm zuschicken. Auf jeden Fall gibt es jeden *Sonntag um 11.00 und um 15.00 Uhr* Kinderstadtführungen.

Inside Cologne

Bismarckstraße 70
50672 Köln
Telefon: 52 19 77
Hier werden in den Ferien und an Feiertagen um *14 Uhr* Stadtführungen für Kinder von 5-10 Jahren durchgeführt. Anschließend wird immer noch etwas Kreatives gemacht, je nachdem, was dir vorher gezeigt wurde.

Verein Kölner Stadtführer

Hardtstraße 22
50825 Köln
Tel.: 31 26 43 oder 41 53 62
Die Kölner Stadtführer machen ganz ulkige Führungen, auch auf kölsch, zu bestimmten Themen. Frag doch mal, was für dich dabei ist!

Verkehrsamt Köln

Unter Fettenhennen 19
50667 Köln
Telefon: 221-33 32
Hier gibt es zwar keine speziellen Kinderführungen, aber wenn du Bescheid sagst, dann stellt sich der Führer auf dich ein. Termine findest du auch in den Stadtmagazinen.

Raus aus dem Haus

Führung durch das alte Bundesbahnausbesserungswerk

Werkstattstraße 100
50733 Köln
Tel.: 73 85 80

Du ahnst nicht, was es da alles zu sehen gibt. Ein verstecktes Pflanzenparadies! Führen tut der Verein Natur & Kultur. Wenn du daran Interesse hast, dann musst du Dich allerdings an deine Lehrerin oder Kindergärtnerin wenden. Es ist mit Sicherheit eine tolle Idee für einen Wandertag, denn dort könnt ihr bald eine tolle Öko-Rallye machen, die gerade für euch ausgearbeitet wird.

Wasserlehrpfad im Wasserwerk Weiler

Wasserwerkswald
50765 Köln (Volkhoven-Weiler)
Tel. 178 33 11 (Herr Melsa)
Hier kannst du wirklich alles über das Wasser erfahren, wo es herkommt, wie es für uns sauber-gemacht wird und wie es zu dir nach Hause kommt. Direkt vor dem Wasserwerk, draußen, frei zugänglich, gibt es einen Wasserlehrpfad.

Aber im Wasserwerk drinnen gibt es auch Führungen für dich und die sind sogar kostenlos! Nur anmelden mußt du dich vorher. Hinfahren kannst du mit dem Fahrrad oder mit dem Bus Nummer 126 bis zur Haltestelle Blockstraße.

Besichtigung der Mülldeponie

Wo landet der ganze Abfall der Kölner? Jahr für Jahr fällt so viel Abfall an, dass der Kölner Dom darin versinken könnte (800.000 t). Auf der Hausmülldeponie "Vereinigte Ville" gibt es nicht nur den ganzen Müll zu sehen, sondern auch viele technische Anlagen. Wenn du schon 10 Jahre alt bist, kannst du dir das Ganze ansehen. Frau Leiber vom Amt für Abfallwirtschaft sagt dir einen Termin für eine Gruppenbesichtigung:
Tel.: 221-73 04

Raus aus dem Haus

Seltene Handwerksberufe

Es ist kaum zu glauben, aber es gibt sie wirklich noch, die Schmiede und Rüstmacher, die ihre Aufgaben schon seit dem Mittelalter in gleicher Weise erfüllen. Ist das nicht spannend? Um den Handwerkern bei der Arbeit zuzusehen, solltest du unbedingt vorher telefonisch einen Termin vereinbaren.

° **Rüstmacher**
Herr von Bongard
Vorgebirgsstr. 25
50667 Köln
Tel.: 31 27 10

° **Schmiede**
Firma Breuer & Ziolkowski
Gumprechtstr. 12
50825 Köln
Tel.: 54 36 44

° **Schmiede**
Firma Aufdermauer
Bergisch Gladbacher Str. 483
51067 Köln
Tel.: 631324

Mit dem Förster durch den Wald

Was kann man alles im Wald sehen, hören, riechen, tasten? Einen Augenblick ganz still sein und auf die Geräusche der Waldbewohner lauschen: Ein ganz eigenes Konzert! Die Bäume vom Stamm bis zur Krone betrachten, eine wechselhafte Kulisse. Pflanzen, Laub und Sträucher senden ihr Aroma je nach Jahreszeit immer wieder neu durch die Waldluft. Und hast du schon einmal über Moos oder eine Rinde gestreichelt? Der Wald kann unheimlich spannend sein!
Ein Naturabenteuer, was du nicht verpassen solltest! Führungen, die dich durch den Wald und seine eigenen Attraktionen leiten, gibt es oft. Frag' doch mal bei den Forstrevieren an:

Raus aus dem Haus

Rodenkirchen, Telefon: 35 25 75;
Wildpark Dünnwalder Mauspfad, Telefon: 60 13 07
Forsthaus Gremberger Wald, Telefon: 87 16 89
Forstbotanischer Garten Friedenswall; Telefon: 35 43 25
Die sagen dir dann auch, wann und wo die Führungen sind.

Sternenhimmel

Planetarium im Gymnasium Nippes

Blücherstr. 15-17,
50733 Köln
Tel.: 776 14 48

Raumschiff Enterprise-Fan? Dann geh doch mal ins Planetarium.
Dort erfährst du an einem großen Himmelsgewölbe viel über die Sterne. *Samstags um 18.30* Uhr ist eine Veranstaltung für Kinder, die schon etwas älter sind. Und wenn du dich mit dem Sternenhimmel schon etwas auskennst, kannst du *Mittwoch um 19.30* Uhr noch mal zu einer ausführlicheren Vorstellung gehen. Du musst aber vorher die Termine absprechen. Je nach Wetter und Jahreszeit finden unterschiedliche Führungen statt.

Volkssternwarte

Schillergymnasium
Nikolausstraße 55
50937 Köln
Telefon: 41 54 67

Was gibt es Schöneres als in der Nacht den Sternenhimmel zu beobachten und Interessantes darüber zu erfahren. Wann die Veranstaltungstermine der Volkssternwarte sind, erfährst du vom Anrufbeantworter. Schön ist es, dorthin einen Wandertag zu planen. Frag doch einfach mal bei dir in der Schule.

Raus aus dem Haus

Köln von oben

Am besten und weitesten siehst du, wenn du oben auf dem **Fernmeldeturm Colonius** stehst. Fast 170 m über dem Boden bist du da. Mit dem Aufzug geht es schnell in die Höhe! Du kannst aber auch zu Fuß gehen, nur musst du dann immerhin 1.325 Stufen steigen!

Wenn du gerne Treppen steigst, kannst du auch im Südturm des Doms nach oben laufen.
Da brauchst du nur 509 Stufen zu erklimmen. Natürlich bist du nach dem Treppenlaufen ganz schön außer Puste, aber es lohnt sich.

Die Aussicht auf Köln ist toll! Gar nirgends hochsteigen musst du mit der Rheinseilbahn. Vom Kölner Zoo aus schwebt sie mit dir über den Rhein in den Rheinpark. Allerdings nicht das ganze Jahr über.

Stadtrundflüge
Air LLoyd
Flugplatz Bonn-Hangelar
53757 Sankt Augustin
Tel.: 02241 / 230 70

Köln von oben - wie wär's im Hubschrauber oder Flugzeug? Kurze Rundflüge über den Dächern von Köln sind in Kleinruppen möglich.

Hier kannst du was erleben

Nicht nur in der Kunstszene wird was geboten. Köln hält noch viele andere Überraschungen für dich bereit. Manche der Ausflugstips solltest du mit deinen Eltern oder anderen Erwachsenen machen, weil sie zu weit oder manchmal auch viel zu teuer für dich sind. Aber planen kannst du ja schon mal!

Kölner Jugendpark

Sachsenbergstraße/Rheinpark
51063 Köln
Telefon: 81 11 98

Das Angebot im Kölner Jugendpark ist so toll, daß bestimmt für jeden etwas dabei ist! Bei schönem Wetter kann man auf den Wiesen spielen, Rollschuhlaufen oder sich Spiele ausleihen. Du kannst beim Computertreff einsteigen, Gitarre spielen lernen, mit anderen Musik machen, beim Karneval mitmarschieren, und und und ....

Raus aus dem Haus

Sogar eine Mädchen-Teeniegruppe, nur für Mädchen von 10-13 Jahren, hat hier ihren Treffpunkt. Der Jugendpark macht auch Kindertheater und zeigt Kinderfilme. Einen Flohmarkt gibt's auch - nur für Kinder, versteht sich. Am besten, du gehst mal vorbei und fragst nach dem Programm und den Terminen, oder du guckst in den Veranstaltungszeitungen für Köln.

Zoologischer Garten

Riehler Str. 173
50735 Köln,
Tel.: 778 5122.

Der Kölner Zoo ist der drittälteste in ganz Deutschland. Er beherbergt etwa 7.000 Tiere aus allen Teilen der Welt. Hast du gewußt, dass es so viele verschiedene Affenarten gibt? Wenn du mehr wissen und machen willst, als nur Tiere angucken, dann ist der Zoo-Jugendclub für dich vielleicht interessant.

Da treffen sich Kinder und Jugendliche im Alter von 8 bis 16 Jahren jeden 2. und 4. Montag im Monat in der Zooschule, um mehr über das Tierleben zu erfahren.

Offen hat der Zoo täglich von 9-18 Uhr, im Winter von 9-17 Uhr.
Hinter dem Zoo, in Richtung Norden, beginnen ja auch die Rheinauen, wo du prima spielen kannst! Die entdeckst du ganz schnell, direkt am Rheinufer.

Vergiss deinen "Stappl" nicht!
Den Weg vom Zoo in die Rheinauen kannst du ganz leicht eintragen. Mal sehen, was dir am Wegesrand so auffällt!

Pferderennbahn Weidenpesch

Rennbahnstraße 152
50737 Köln-Weidenpesch
(U-Bahn 6, 12, 18 bis Scheibenstraße)
Tel.: **74 80 74**

Bist du Pferde-Fan?
Dann auf nach Weidenpesch!

Raus aus dem Haus

Hier kannst du, wenn du Glück hast, morgens meist zwischen 6 und 10 Uhr, zusehen, wie die Pferde trainiert werden.

Allerdings nur während der Woche, denn am Wochenende finden von März bis November Rennen statt. Vor allem musst du die Trainer fragen, ob du zuschauen darfst, denn Rennpferde sind ganz empfindliche Tiere und Lärm macht sie ganz unruhig. Also: psssst ! Wenn du mutig bist, kannst du ja versuchen, dein Taschengeld aufzubessern und am Wochenende mal eine Wette starten. Aber du kannst natürlich auch deinen Einsatz verlieren!

Wahner Heide und der Kölner Flughafen

Waldstraße 247
51147 Köln
Telefon: 0 22 03 / 40 40 72
Kontaktperson ist Frau Wittmann

Es ist doch immer wieder spannend zu beobachten, wie Flugzeuge starten und landen. Wie das alles funktioniert und wer welche Aufgaben am Flughafen erfüllt, kannst du bei Kinderführungen unter der oben angegebenen Adresse erfahren. Und nicht nur der Flughafen ist interessant, auch die Natur drum herum hat einiges zu bieten.

Mit dem Fahrrad zur Freizeitinsel "Groov"

Mit dem Fahrrad kannst du ganz schöne Touren am Rhein entlang unternehmen. Wenn du am Rheingarten hinter dem Dom startest, geht es bis hinter Rodenkirchen in den Uferwald.

Raus aus dem Haus

TIP: Wenn du den Rhein nicht mehr siehst, hast du dich verfahren. Nach dem Uferwald kommt auch schon bald eine Fähre, die dich auf die Insel Groov übersetzt. Auf der Insel kannst du dann alles mögliche unternehmen: Schwimmen, Boot fahren, Minigolf spielen, Eis essen...
ACHTUNG: Die letzte Fähre fährt um 19 Uhr.

Fahrradausflug zur Diepeschrather Mühle

Hast du Lust auf einen Ausflug mit dem Rad? (12km) Wie wär's mit der Diepeschrather Mühle? Dort ist nämlich ein toller Spielplatz mit Kinderseilbahn, Autoreifenschaukel, Kletternetz und vieles mehr. Für den Ausflug nimmst du aber am besten einen Erwachsenen mit, denn der Weg ist nicht so leicht zu bewältigen. Wenn du mit deinem "Stappl" schon gelernt hast Straßenkarten zu lesen, dann kannst du im Buchhandel auch extra Fahrradkarten erstehen, mit denen du dann deine Ausflüge besser planen kannst. Wenn du schon ein paar Erfahrungen mit Radtouren und Stadtplänen gesammelt hast, hilft dir folgende Wegbeschreibung, die Diepeschrather Mühle zu finden:

Du startest an der Zoobrücke auf der rechten Rheinseite und fährst an der Uferpromenade entlang bis zur Mülheimer Brücke. Schieb' dein Fahrrad die Treppe hoch und fahre auf der Brücke, bis du zum Wiener Platz kommst. Dort steigst du am besten ab und schiebst Dein Fahrrad in Richtung Wuppertal, in die Eulenbergstraße bis zur großen Bergisch-Gladbacher-Straße, die du gleich überquerst.

Über das Schulgelände kommst du auf die Holweider Straße, die du durchfährst bis zur Carlswerkstraße. Jetzt geht es immer an den Gleisen entlang und irgendwann rechts drunter durch. Wo die Kleingärten beginnen geht es links in die Cottbuserstraße. "Am Springborn" geht's rechts ab und immer geradeaus, unter der Autobahn durch. Irgendwann heißt die Straße dann Sigwinstraße. Wenn die aufhört, biegst du links in den Thuleweg. Vor der Schule geht's rechts "Auf dem Flachsacker".

Raus aus dem Haus

Den fährst du immer geradeaus. Am Schießstand kannst du am Tor vorbeifahren. Nun geht's mal wieder immer geradeaus - bis zur Diepeschrather Mühle. Puh! Eine lange Fahrt, geschafft - aber der Spielplatz lockt.

Auf dem Rhein schippern?

Wenn du mal keine Lust auf laufen oder Radfahren hast - wie wär's dann mit einer Schiffahrt auf dem Rhein? Von Ende März bis Ende Oktober kannst du mit der Köln-Düsseldorfer sogar bis Mainz fahren. Wenn du deine Familie einpackst, bist du schon mit DM 2,- dabei. Im Sommer gibt's Kinderfeste an Bord mit Clowns, Zauberern und Kasperle-Theater.

Oder wie wär es mit einer Märchenfahrt von Köln nach Zons? Alle Veranstaltungen finden an bestimmten Terminen statt.
Termine und Info-Broschüren Tel.: 258 30 11 / 208 80 oder im Verkehrsamt Köln.

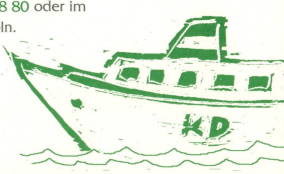

Verschiedene Schiffsgesellschaften bieten auch eine Reihe kleinerer Rundfahrten ab dem Rheinufer beim Dom an. Die meisten haben ihre Angebote auf große Tafeln geschrieben, direkt an den Boots-anlegestellen. Schau doch mal hin!

Phantasialand

Berggeiststraße 31-41
50321 Brühl
Telefon: 0 22 32 / 338 31

Das Phantasialand ist ein riesiger Freizeitpark. Hier werden viele Sachen geboten: Wahnsinnige Vorstellungen und Shows, atemberaubende Fahrten, ein Kinderland und vieles mehr. Da kommst du wahrscheinlich aus dem Staunen gar nicht mehr raus. Das Phantasialand findest du in Brühl. Von Köln fährt man über die A 553, nimmt die Ausfahrt Brühl/Süd. Das Freizeitparadies liegt dann direkt an der L134. Da solltest du natürlich einen Erwachsenen mitnehmen, der Autofahren kann.

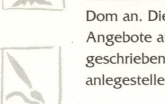

Raus aus dem Haus

Geöffnet ist das Phantasialand vom 1. April - 31. Oktober, *täglich von 9-18 Uhr.* Kinder, die kleiner als 1,20 m groß sind, kommen umsonst rein! Auch wenn du Geburtstag hast, bezahlst du nichts. Ansonsten kostet die Tageskarte DM 32,- und ein 2-Tagepaß DM 44,-.

Aqualand

Merianstraße 1
50769 Köln
Telefon: 702 82 22
Geöffnet ist im Sommer von 11.00-24.00 Uhr
Alles, was im Wasser Spaß macht, kannst du hier erleben: Rutschen, Fontänen, Wasserspielgeräte, eine Lagunenlandschaft und zu Land eine riesige Liegewiese. Für eure Eltern wird auch etwas geboten: zum Beispiel Saunen und Solarien, außerdem können sie natürlich auch mit euch im Wasser rumtollen.

Waldbad Dünnwald

Peter-Baum-Weg
51069 Köln
Telefon: 60 33 15

Mitten im Wald findest du einen der schönsten Badeplätze in Köln. Da gibt es eine tolle Wasserrutsche, beheizte Schwimmbecken, Tischtennisplatten und sogar Minigolf kann man da spielen. Das Waldbad liegt zwischen Leverkusen und Bergisch Gladbach. Mit der Straßenbahnlinie 4 fährst du vom Wiener Platz in Mülheim bis zur Haltestelle Leuchterstraße. Die geht man hinauf, bis das Schild "Waldbad" auftaucht. Zum Bad geht es dann durch den Wald. Offen ist im Sommer *von 9.00-18.45 Uhr*

Wildpark Dünnwald

Dünnwalder Mauspfad
51069 Köln
Tel.: 60 13 07
Muffel, Axis, Sika, Dybowski-Hirsche... Willst Du wissen, wie die alle aussehen? Im Dünnwalder Wildpark findest du sie alle. Der Weg ist der gleiche, wie zum Waldbad.

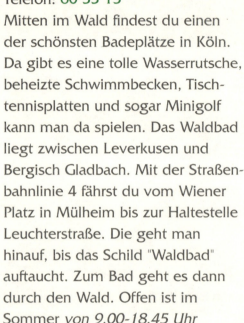

Raus aus dem Haus

Stadtwald

Kitschburger Straße
50935 Köln (Lindenthal)

Der Stadtwald fängt in Lindenthal an und zieht sich bis zum Müngersdorfer Stadion. Minigolfanlagen sind im Stadiongelände. Bötchenfahren kannst du am "Haus am See" an der Bachemer Landstraße 420. Außerdem gibt es einen Streichelzoo an der Kitschburgerstraße (Lindenthal), wo Du auch auf Ponys reiten kannst.

Botanischer Garten - Flora

Amsterdamerstraße 34
50735 Köln/Riehl
Telefon: 76 43 35

Zu erreichen ist der Garten mit der Linie 16 vom Dom in Richtung Mülheim/Wiener Platz bis zur Haltestelle Zoo/Flora.

Auf allen Wanderwegen kannst du hier seltene Pflanzen und Tiere beobachten. Gewächshäuser mit Dschungelatmosphäre, Springbrunnen und Spielplatz bringen zusätzlichen Spaß und Gelegenheit zum Toben.

Wenn du ein Pflanzenexperte werden möchtest, dann kannst du eine Führung mitmachen. Du musst dich vorher erkundigen und einen Termin absprechen. Die normalen Öffnungszeiten sind je nach Jahreszeit *von 10.00-17.00 Uhr oder von 10.00-18.00 Uhr.*
Ein besonderer Hit ist die "Grüne Schule" im Botanischen Garten. Hier werden Veranstaltungen zu Natur- und Umweltschutz durchgeführt. Um dran teilzunehmen, kannst du dich unter Tel. 76 83 67 anmelden.

Forstbotanischer Garten

Zum Forstbotanischen Garten
50968 Köln (Rodenkirchen)
Tel.: 35 43 25

Auf 10 Kilometer Wanderwegen kannst du seltene Pflanzen sehen. Einen Spielplatz gibt es auch und ein Jugendparkgebäude. Hier ist auch schon mal was los! Wenn du eine Führung mitmachen möchtest, mußt du dich vorher telefonisch erkundigen, wann die nächste stattfindet. Geöffnet ist das ganze Jahr *von 9-16 Uhr, im März, September und Oktober bis 18 Uhr, April bis August sogar bis 20 Uhr.*

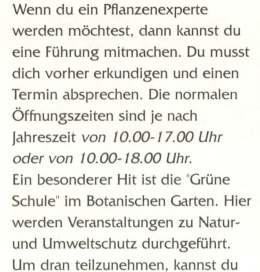

Raus aus dem Haus

Finkens-Garten

Friedrich-Ebert-Straße 49
50996 Köln
Tel.: 35 24 89

Hier war früher einmal eine Baumschule. Heute kannst du hier bei Führungen mitmachen, die dich durch die unterschiedlichsten Landschaften, Wiesen, Bäume und Feuchtgebiete leiten. Geöffnet ist in der Woche nur für Gruppen, die sich vorher angemeldet haben. Am Wochenende und an Feiertagen ist von 9-18 Uhr geöffnet.

Jugendzentrum Krebelshof

Alte Straße / Further Weg 1
50769 Köln (Worringen)
Tel.: 78 39 64

Das Jugendzentrum Krebelshof ist ein alter Bauernhof, der viel zu bieten hat: Tischtennis, Spielplatz, Basketball und Kickergeräte. Begleitete Gruppen dürfen auch auf dem Gelände campen!

Gut Leidenhausen - Wildpark und Greifvogelschutzstation

(am Rande der Wahner-Heide)
51147 Köln (Porz-Grengel)
Telefon: 02203 / 80 52 63
Hier locken Waldanlagen mit Grill- und Spielplätzen. Besonders interessant ist die Greifvogelstation. Willst du dich durch den Wildpark oder die Greifvogelstation führen lassen, kannst du vorher telefonisch nachfragen. Du findest das Gut am westlichen Rand des Königsforstes.

Haus des Waldes

Gut Leidenhausen
51147 Köln (Porz/Grengel)
Tel.02203/399 86/7
Mit Ausstellungsobjekten und einer Multimedia-Show, der "Ökovision", informiert das Haus des Waldes über das Werden, Leben und Sterben des Waldes, seine Pflanzen und Tierwelt. Umgeben ist das Haus des Waldes von einem ca. 12 Kilometer langen Naturwanderweg, einem Wildgehege mit Schwarz- und Rotwild, einer Greifvogel-schutzstation, einer Waldschule, Liegewiesen, einem Spielplatz mit wunderschönem Quarzsand, Grillplätzen und Parkplatz.

Raus aus dem Haus

Nach Absprache veranstaltet das Museum Führungen, sie finden aber nur außerhalb der normalen Öffnungszeiten statt.
An den Wochenenden im Advent wird es ganz besonders feierlich: die Carl-Stamitz-Musikschule präsentiert weihnachtliche Musik von Kindern für Kinder.
Geöffnet ist sonn-und feiertags von 10 bis 17 Uhr.

Ponyreiten

Ponyhof Waldschänke

Thielenbrucher Allee 46
51069 Köln-Dellbrück
Telefon: 68 14 20

Jeden Tag, *außer dienstags, ab 8.00 Uhr,* liegt hier das Glück der Erde auf dem Rücken der Ponys und Pferde. Zum ausprobieren wie glücklich dich das Reiten stimmt, kannst du erstmal mit einer Runde starten, um vielleicht später die Freude auf eine halbe oder ganze Stunde zu steigern.

Wilhelmshof

Jugend-, Freizeit- und
Bildungszentrum e.V.
Bergheimer Weg 27
50737 Köln-Longerich
Tel.: 599 29 26

Hier gibt's Ponys, Schafe, Ziegen, Kaninchen, Hühner und Katzen. Neben Angeboten für Gruppen-, Wochenend- und Ferienfreizeiten, kannst du von *Di-Fr von 14-18 Uhr* zur "Offenen Tür" kommen. Du lernst hier, mit Tieren umzugehen und Verantwortung für sie zu tragen, denn das ist oft gar nicht so einfach. Dir wird gezeigt, wie und was welches Tier frisst. Aber auch reiten lernen kannst du hier und sogar backen und kochen. Wichtig ist, dass du *bis 15.00 Uhr* antrittst, weil sonst nicht gemeinsam gearbeitet werden kann, wenn alle zu unterschiedlichen Zeiten kommen.

Raus aus dem Haus

Märchenwald Altenberg

51519 Odenthal/Altenberg
Tel. 02174/404 54.

Anfahrt mit dem Auto, also am besten mit Erwachsenen über Köln-Dünnwald, Richtung Schildgen. In einem dichten Tannen- und Laubwald kann man bei einem ca. einstündigen Spaziergang Grimms Märchen "live" erleben. In Märchenhäusern aus Backstein, Fachwerk, Holz, Türmen und Mühlen werden die spannenden Geschichten vom Gestiefelten Kater, Rotkäppchen, Aschenputtel, Rapunzel und anderen Gestalten gezeigt und teilweise vom Band erzählt. In der Gebrüder-Grimm-Ehrenhalle kann man sich hinterher bei Kaffee, Kakao und Kuchen stärken und die "Tanzenden Fontänen" in rot, gold oder blau ansehen. Eine Besonderheit sind die Nikolausfeiern, die inzwischen seit 46 Jahren an Adventssonntagen stattfinden. Sie dauern *von 14.30 Uhr bis 17.30 Uhr* und sind für ca. 150 Gäste ausgerichtet.

Für DM 15,50 werden geboten: ein Besuch des Märchenwaldes, Vorführungen der "Tanzenden Fontänen", Kuchen und Kaffee, Tee oder Kakao, die Vorführung des Weihnachtsfilms und der Besuch des Heiligen Nikolaus. Hans Mayer (75 Jahre), der Inhaber des Märchenwaldes und passionierter Nikolaus, spielt diese Rolle mit viel Liebe und Erfahrung. Er kommt mit der Kutsche und Esel Max auf die Bühne, erzählt lustige Geschichten, ruft dann jedes Kind nach vorne (die Eltern haben ihm vor Beginn der Veranstaltung Zettel mit "guten und bösen Taten" gegeben) und gibt ihm einen 40 cm (!) großen Weckmann. Reservierung ist für diese Veranstaltung unbedingt erforderlich.

Der Märchenwald ist ganzjährig *geöffnet von 8.30 Uhr bis 18 Uhr.*

Winterspass Nummer eins: Rodeln

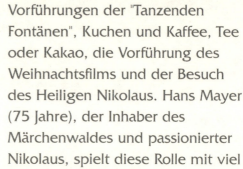

Sollte es in Köln wirklich einmal ausreichend geschneit haben, gibt es verschiedene Möglichkeiten zum Rodeln: Der Spielplatz in Gut Leidenhausen (Köln-Porz), der Stadtwald in der Nähe des Adenauerweihers, der Pilzberg im

Raus aus dem Haus

Beethovenpark, der Hügel am Aachener Weiher, der Schuttberg am Herkuleshochhaus, und der Rodelberg im Friedenspark /Forstbotanischer Garten.

Aber mit dem Auto, also deinen Eltern oder mit Freunden erreichst du auch weiter weg liegende Schneegebiete. Nicht weit von Köln und trotzdem wesentlich schneesicherer als die Stadt, ist das oberbergische Winterskigebiet Reichshof - Eckenhagen, das über die Autobahn A 4 in Richtung Olpe, Abfahrt Eckenhagen, zu erreichen ist. Langlaufloipen, Rodel- und Abfahrtshänge, Ski- und Snowboardschulen, Skiwanderwege und Pferdeschlittenfahrten machen den Winter zum Erlebnis. Speziell für Kinder gibt es Kinderspielnachmittage und Abendwanderungen mit Pechfackeln zum Lagerfeuer. Ski und Schlitten können ausgeliehen werden.

Verkehrsamt Reichshof, Barbarossastr. 5, 51580 Reichshof, Tel. 02265/470 oder 90 70. Das Schneetelefon informiert rund um die Uhr über die aktuellen Schneeverhältnisse der Gegend: 02265/345

In Winterberg, der höchstgelegenen Stadt Nordwestdeutschlands, im Sauerland, gibt es außerdem Bob- und Rodelbahnen und Schlittenhunderennen. Auskünfte erteilt die Kurverwaltung Winterberg, Hauptstraße 1, 59955 Winterberg, Tel. 02981/925 00.

Zusätzlich gibt es im Südwesten Kölns in der Eifel viele Wintersportmöglichkeiten, z.B. Langlauf auf gespurten Loipen in Bad Neuenahr, Stadtteil Ramersbach, in Jammelshofen oder in Nürburg. Informationen erteilt der Touristik Service Ahr-Rhein-Eifel, Markt 11, 53747 Bad-Neuenahr-Ahrweiler, Tel. 02641/977 30.

KÖLLE ALAAF
Karneval:

Der Karneval oder Fastelovend war eigentlich die Nacht vor der Fastenzeit, also ein Dienstag, genau 40 Tage vor Ostern. Aber die eine Nacht war den feierfreudigen Kölnern viel zu kurz, um sich so richtig auszutoben. Schnell wurde der Montag -

Raus aus dem Haus

Rosenmontag - vor dem Dienstag noch einbezogen und der Sonntag für die Kinder.

Die echten Kölner feiern den Karneval eigentlich schon ab Saisonbeginn, daß heißt, Start am 11. November um 11.11 Uhr auf dem "Alter Markt" bis zum Ziel, am Dienstag vor Aschermittwoch, mit der "Nubbel"-Verbrennung im eigenen Veedel. Der kölsche Karneval ist so berühmt, dass Menschen aus der ganzen Welt am Rosenmontag nach Köln kommen, um den rheinischen Höhepunkt des Karnevals mitzuerleben: den Rosenmontagszug. Hier machen alle mit und alle haben ihre Freude. Besonders für dich gibt es hier einiges zu erleben und zu erhaschen! Umzüge finden am Rosenmontag in der Altstadt und Kinderumzüge am Sonntag davor in einigen Stadtteilen (Ehrenfeld, Mülheim, etc.) statt.

Um einen Überblick über die Veranstaltungen zu bekommen, kannst du beim Verkehrsamt der Stadt Köln einen Karneval-Terminkalender abholen, direkt vor dem Haupteingang des Doms, nur über den Platz und die Stufen runterlaufen und schon bist du da. Anschrift: Unter Fettenhennen 19, 50667 Köln, Tel.: 221 33 32.

KINDERKARNEVAL wird in Köln natürlich groß geschrieben. Über die Möglichkeiten als Funkenmariechen, Königin oder Prinz in einem Karnevalsverein mitzuspielen, kannst du dich beim Festkomitee Kölner Karneval, Antwerpener Str. 55 in 50672 Köln, Tel.: 57 40 00, informieren. Steht dir der Sinn aber nicht nach traditionellen Feiern, gibt es am Rosenmontag auch die Kinder-Stunksitzung im E-Werk in Mülheim. Für Kinder von 6-12 Jahren gilt es hier so richtig schallend zu lachen. Mehr erfährst du unter folgender Adresse: Verein zur Förderung der Kulturarbeit mit Kindern, Kinder-Stunksitzung, Brücker Mauspfad 503 in 51109 Köln, Tel: 84 04 98 / 95 44 88 13 / 962 79-0

Raus aus dem Haus

Sport macht Spass

So richtig toben, das macht Spaß! Zum Fahrrad fahren und Laufen gibt es viele Möglichkeiten. Aber auch richtiger Mannschaftssport macht Spaß! Ob Fußball oder Eishockey, American Football, Fechten, Turnen, Schwimmen, Leichtathletik oder Tennis, in Köln gibt es viele Sportvereine, in denen du deinen Lieblingssport mit anderen Kindern betreiben kannst. Wo in deiner Nähe ein Sportverein ist, erfährst Du bei folgenden Adressen:

Sportjugend Köln,
Deutz-Kalker-Straße 52,
50679 Köln. Tel.: 81 77 78.

Sport- und Bäderamt der Stadt
Köln, Brückenstr. 19, 50667 Köln.
Tel.: 221 53 28.

Stadtbezirkssportverband,
Winckelmannstraße 34, 50825
Köln. Tel.: 550 34 46.

Stadtsportbund Köln e.V.
Schaevenstr. 1b, 50676 Köln.
Tel.: 240 12 14

In Köln gibt es so viele Sportvereine, dass es darüber sogar extra Bücher gibt! Eine Zeitschrift mit vielen Adressen kannst du zum Beispiel auch beim Sport- und Bäderamt der Stadt Köln bestellen, Tel: **498 33 21**.
Anschriften, Öffnungszeiten und Eintrittspreise der öffentlichen Badeanstalten kannst du telefonisch erfahren, unter der Nummer: **49831**. Aufgepasst, hier werden sämtliche Hallen- und Freibäder in deiner Umgebung genannt!

Drei große Stadien !

Wenn du ein richtiger Fan bist, gibt es in Köln natürlich die drei großen fernsehberühmten Kölner Sport-Klubs und da ist auch meistens etwas los. Da macht es auch Spaß, mal zu einem richtigen Spiel zu gehen, zum Beispiel zu den Haien in das Eisstadion. Da wird viel gesungen und du solltest unbedingt Wunderkerzen mitnehmen. Wenn die Haie gewinnen, werden sie mit vielen Tausend leuchtenden Wunderkerzen gefeiert - und die dicke Jacke nicht vergessen!
Die Spiele sind in Köln im:

Raus aus dem Haus

Eis- und Schwimmstadion

Lentstr. 30
50668 Köln
Telefon: 72 60 26

Die legendären "Haie" waren schon 6 mal Deutscher Meister und wann werden sie es wieder? Möchtest du nicht nur zuschauen sondern selbst dabei sein? Dann musst du ganz früh anfangen, fleißig zu trainieren und die Kufen flink zu schwingen. Auch andere Eissportarten wollen von klein auf gelernt werden. Gelegenheit dazu gibt es im:

Kölner Eishockey-Club "Die Haie" e.V.

Heumarkt 52
50667 Köln
Tel.: 720 06 66

Übrigens: Wer wann im Müngersdorfer Stadion oder im Stadion Süd spielt, kannst du über eine automatische telefonische Ansage erfahren, rund um die Uhr.
Tel.: **498 32 22**

Der **1. FC Köln**: Welcher kölsche Pänz träumt nicht davon, seinen Stars mal die Hand zu drücken oder selbst ein Fußball-Profi zu werden! Gelegenheit dafür gibt es genug! Auch der FC Köln legt großen Wert auf Nachwuchs. Gespielt wird bei Heimspielen im:

Müngersdorfer Stadion

Aachener Str. 703
50933 Köln

Trainiert wird aber meistens am Geißbockheim, dem Zuhause des FC im Stadtwald. Ruf doch einfach mal an und frag, ob du beim Training zuschauen darfst.

1. FC Köln 01/07 e.V.
Postfach 420251
50683 Köln
Tel.: **43 44 31**

Raus aus dem Haus

Nicht nur der FC Köln hat seine Fangemeinde, auch Fortuna Köln ist ein beachtlicher und in Köln viel geliebter Verein mit Tradition und Stars. Weisst, du wo sie spielen?

Stadion Süd

Vorgebirgstraße
50697 Köln
Tel.: 36 30 43
Erreichen kannst du den Verein zuhause in der Kölner Südstadt:

SC Fortuna Köln
Am Vorgebirgstor 1-3
50969 Köln
Tel.: 36 20 46

5. KAPITEL: Was ist in den Kölner Stadtvierteln los?

Köln ist in mehrere Stadtteile
- zu gut kölsch **Veedel** - unterteilt.
In jedem dieser Stadtteile gibt es
natürlich etwas zu erleben.
Meistens findet das Alltagsleben für
dich ja auch in der Gegend statt,
wo du wohnst. Deshalb soll das
folgende Kapitel dir eine Übersicht
darüber geben, was bei dir in der
Nähe, vielleicht direkt um die Ecke,
alles ist: Grünflächen,
Schwimmbäder, wo du dir Bücher
ausleihen kannst und vieles mehr.
Außerdem findest du eine Auswahl
an Geschäften, in denen es tolle
Dinge gibt.

Die Veedel

TIP 1. Außer den angegebenen Stadtbüchereien, gibt es noch eine Busbibliothek, die verschiedene Strecken durch die Kölner Stadtteile abklappert. Die Ausleihzeiten für die einzelnen Haltepunkte kannst du erfragen bei: Depot der Busbibliothek, Girlitzweg 30, Tor 3, 50829 Köln. Tel.: 491 23 59.

TIP 2. Um Sportvereine in deiner Umgebung ausfindig zu machen, bestelle dir beim Sport- und Bäderamt der Stadt Köln das entsprechende Verzeichnis mit Adressen. Tel: 498 33 21.

TIP 3. Öffnungszeiten und Eintrittspreise der öffentlichen Bäder ändern sich ab und zu. Besser ist, vorher zu überprüfen, ob die Angaben stimmen. Tel.: 498 31.

TIP 4. Um herauszufinden was noch alles in deiner Nähe liegt, vergleiche doch mal die Angebote aus dem vorigen Kapitel. Dort hast du ja schon viele Tips bekommen und Adressen erhalten. Es lohnt sich, diese Stellen im "Stappl" zu markieren, da hast du prima Anhaltspunkte, um dich auch in anderen Stadtteilen zurecht zu finden!

Was gibt es in den einzelnen Stadtteilen

Innenstadt

GRÜNE FLECKEN ZUM SPIELEN

Römerpark
Friedenspark

Oberländerwall/Titusstraße
Claudiusstraße/Neustadt-Süd
Während im Römerpark mehr Spielplätze für kleinere Kinder sind, kannst du im Friedenspark einen Bauspielplatz und alte Mauerreste zum Klettern finden. Hier werden wiklich tolle Angebote für Kinder gemacht. Da solltest du unbedingt mal vorbeigehen, das lohnt sich!

Aachener Weiher

Aachener Straße/im Grüngürtel
Neustadt-Süd
Hier findest Du eine stillgelegte Straße, auf der man prima Rollschuh laufen kann. Oberhalb des Weihers ist ein kleiner Hügel mit einem schönen Spielplatz. Im Winter ist hier Rodeln angesagt! Außerdem gibt es im Sommer einen großen Biergarten, wo es Leckeres zu essen und zu trinken gibt.

Innenstadt

Volksgarten

Volksgartenstraße
Neustadt/Süd
Im Sommer ist im Volksgarten die Hölle los. Da steht Juppi, der Spielbus und viele Künstler zeigen hier ihr Können. Bötchen fahren kannst du auf dem Volksgartenweiher auch und außerdem gibt es tolle Spielplätze! Am frühen Abend finden viele kleine Grillpartys statt und eine Kneipe lädt zum Eis essen und Cola trinken ein.

Stadtgarten

Spichernstraße
Belgisches Viertel
Auch hier ist im Sommer viel los, ähnlich wie im Volksgarten, nur ohne See zum Bötchen fahren.

Media Park

Nördlich des Stadtgartens liegt der Media Park. Da soll noch mehr gebaut werden! Aber der Spielplatz und der See sind fertig angelegt und hier lässt es sich gut spielen und planschen! Sogar Staudämme kannst du an dem See bauen. Etwas versteckt, hinter den neuen Häusern, liegt ein riesengroßer Spielplatz mit einer superlangen Rutsche, die einen Hügel hinunter geht. Daneben erstreckt sich eine richtige Spielestadt für kleinere Kinder. Hier ist auch eine kleine Skaterbahn, auf der aber leider immer viele kleine Steinchen liegen. Wenn du vom Spielplatz über die neue Eisenbahnbrücke gehst, kommst du auf den Schuttberg im Inneren Grüngürtel hinter der Subbelratherstraße/am Autobahnzubringer Nord (A 57) Im Winter, falls mal Schnee liegt, kann man hier klasse rodeln!

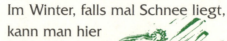

Innenstadt

 ## Freizeitanlage Klingelpütz

Vogteistraße 17
50670 Köln/nördliche Altstadt
Telefon: 221 95 06

Das Freizeitangebot für Kinder ist hier super. Treffpunkt: ein alter Eisenbahnwaggon, der zum Spielwagen ausgebaut wurde. Hier kannst du mit anderen Kinder spielen und mehr über das Angebot von Klingelpütz erfahren, zum Beispiel über den Mädchentag, die Selbstverteidigungskurse, Computerkurse, Sportangebote und die Fahrradwerkstatt. Manchmal werden Ausflüge über das Wochenende und in den Ferien organisiert und es finden hier natürlich auch viele Feste statt.

 ## Wasserspielplatz

Innerer Grüngürtel
Venloer Straße / Vogelsangerstraße
Hier gibt es einen riesigen Spielplatz, Basketball- und Tennisplätze, auf denen Kinder - ohne Eintritt zu zahlen! - spielen können. Im Sommer wird Wasser an den Turn- und Klettergerüsten angestellt, so dass überall Wasser heraussprüht.

FÜR SPORTSKANONEN

Agrippa-Bad

Kämmergasse 1
50676 Köln
Telefon: 221 33 07

Schwimmfreude im Hallenbad mit Kinderbecken.
Montag und Dienstag geschlossen. Geöffnet ist Mittwoch bis Freitags für Kinder von 8 Uhr bis 17 Uhr, Samstag und Sonntag von 8.30 Uhr bis 15 Uhr.

Eis- und Schwimmstadion

Lentstraße 30
50668 Köln
Telefon: 72 60 26

Im Winter kann man *täglich von 11-16Uhr* eislaufen. Schlittschuhe kannst du dir für DM 6,- leihen. Von Mai bis August ist Schwimmen angesagt, mit Wasserrutsche und Sprudelpilz. *Geöffnet ist montags - samstags von 7.00-20.00 Uhr und sonntags oder feiertags von 7.00-19.30 Uhr.*

Auf der Domplatte ist der Treffpunkt zum Skateboard und Inline-Skates fahren.

Innenstadt

FÜR LESERATTEN

Zentralbibliothek

Josef-Haubrich-Hof 1
50676 Köln
Telefon: 221 51 50

*Geöffnet ist
Dienstag und Donnerstag von
11.30-20Uhr, Mittwoch und
Freitag von 9-18 Uhr und
Samstag von 10-15Uhr*
Im Untergeschoß findest du eine
tolle Kinderbuchabteilung. Dort
kannst du dich hinsetzen und
schmökern oder mit anderen
Kindern Spiele spielen. Auch
Computer stehen da, an denen du
Computerspiele ausprobieren
kannst. Du lässt dir an der
Information einen Ausweis machen,
der unter 12 Jahren nichts kostet.

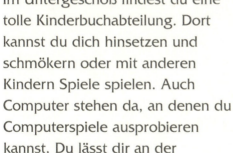

TREFFS

Bürgerhaus Stollwerck

Südstadt/Dreikönigenstraße 23
50678 Köln
Telefon: 31 80 53

Früher wurde hier die Schokolade gemacht, heute treffen sich hier Kinder und Erwachsene, um etwas zu unternehmen. Für dich gibt es zum Beispiel Montag und Dienstag ein offenes Spielangebot mit verschiedenen Projektgruppen, wo du auch Töpfern kannst. Mittwoch ist um 15.00 Uhr Mädchentag.

Das Bürgerhaus bietet auch Tanzkurse an. Ab und zu wird auch Theater gespielt, Kinofilme gezeigt oder eine Teenie-Disco organisiert. Was gerade so läuft, erfährst du am besten vor Ort.

Mit der Straßenbahnlinie 15 oder 16 fährst du bis zur Haltestelle Ubier-ring und läufst die Karl-Korn-Straße hoch bis zur Dreikönigenstraße, Nr. 23. Dort ist das Bürgerhaus.

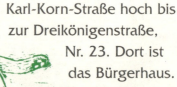

Innenstadt

Bürgerzentrum Alte Feuerwache

Neustadt-Nord/Melchiorstraße 3
50670 Köln
Tel.: 739 10 73

Hier gibt es einen eigenen Bereich, der sich nur um Kinder kümmert. Deshalb gibt es hier auch neben dem Kino ein großes Programm für dich. Am besten, du rufst an und fragst nach dieser Abteilung!
Bei der großen Auswahl von Angeboten ist bestimmt auch was für dich dabei.

Der Brunnen am Rheingarten

direkt hinter der Philharmonie ist der absolute Sommertreffpunkt für Kinder. Ein richtiger kleiner Wasserspielplatz! Am besten, du packst die Badehose oder eine Ersatzhose ein, denn nass wirst du auf alle Fälle.

MÄRKTE

Weihnachtsmärkte

In der Innenstadt sind die großen Weihnachtsmärkte auf dem "Alter Markt", dem Neumarkt und auf dem Roncalliplatz mit vielen Weihnachtssachen.

Flohmärkte

Altstadtflohmarkt
An jedem dritten Samstag im Monat findet auf dem "Alter Markt" *von 11.-18 Uhr* ein Flohmarkt statt.

Südstadtflohmarkt
Sportanlage Süd/Vorgebirgsstraße
Hier ist an jedem 1. *Samstag im Monat von 11-18 Uhr* rumstöbern angesagt.

Herbsttrödelmarkt
Am dritten Wochenende im September hat auf dem Neumarkt Samstag und Sonntag eine großer Trödelmarkt seinen Platz.

Maitrödelmarkt
Im Wonnemonat Mai ist auf dem Neumarkt am dritten Wochenende, Samstag und Sonntag, Trödel angesagt.

Innenstadt

TOLLE LÄDEN

Spielen und Lesen

Gebrüder Grimm Kinderbuchladen
Mauritiussteinweg 110
50676 Köln
Das ist einer von Kölns ganz besonderen Spielzeug- und Kinderbuchläden!

Spielbrett
Engelbertstraße 5
50674 Köln
Hier findest du Brettspiele, die du wahrscheinlich noch nie gesehen hast.

Hampelmann Spielwaren
Merowingerstraße 37
50667 Köln (Südstadt)
Ein toller Laden für Kinderbücher und Spielsachen.

Fantasyland

Hohenstaufenring 15
50674 Köln
Hier findest du alle möglichen Spiele und Zubehör aus dem Fantasybereich.

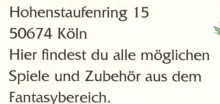

Spiel Aktuell Feldhaus

Schildergasse 46-48
50667 Köln
Das ist ein riesiger Spielzeugladen wohl der älteste und größte in Köln mit einer tollen Auswahl und meistens guter Beratung, wenn du nicht gerade in der Hauptrummelzeit wie vor Weihnachten einkaufen gehst.

Von Drachen und anderen Wesen

Patte Vugel Spielwaren

Pfeilstraße 47
50672 Köln
Brauchst du vielleicht eine Zirkusausrüstung oder einen Drachen oder sonstigen Krimskrams?
Dann bist du hier genau richtig.

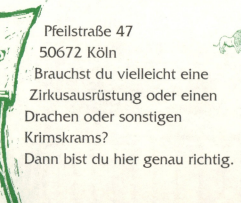

Innenstadt

Zieh Leine Drachenladen

Schaafenstraße 39
50676 Köln
"Zieh Leine" hat jetzt sogar einen eigenen Verein, wo du Drachenfliegen lernen kannst!

Für Puppen und Bärenfans

Puppen- und Bärenklinik
Ehrenstraße 48
50672 Köln
Sind deine Puppen und Bären kaputt? Hier werden sie geheilt. Außerdem kannst du im haus eigenen Museum Puppen aus verschiedenen Zeiten bewundern.

Aura Puppenkinder

Balthasarstraße 48
50670 Köln (Neustadt-Nord)
Hier kannst du tolle Stoffpuppen kaufen.

Zauberkönig Spielwaren
Große Budengasse 7
50667 Köln
Hier gibt es jede Art von Scherzartikeln, Zauberkästen und Hilfsmittel für einzelne Tricks, Masken, Perücken und viele kleine Spiele.

Ballaballa
Zülpicher Str. 39
50674 Köln

Hier findest du alles, was du zum Jonglieren, Schminken, Zaubern, "Juxspielen" und Zirkusmachen brauchst.

Modellspielwaren Lindenberg
Am Blaubach 6-8
50676 Köln

Als Modellbauspezialist bist du hier gut aufgehoben.

Hobby Derkum
Am Blaubach 26-28
50676 Köln

Der Spezialist für funkgesteuerten Modellbau, hier findest du das spezielle Zubehör.

Gezeichnet, gelesen, gefreut

Comics
Richard-Wagner-Straße 28
50674 Köln

Taschen (Comic) Laden
Hohenstaufenring / Ecke
Ehrenstraße (im Keller)
50674 Köln

Innenstadt

Comicpresse
Presse & Buch Ludwig

Findest du direkt im Kölner Hauptbahnhof, gegenüber von Gleis 3.

Comicbox

Komödienstraße
50667 Köln

*Und Kölns ganz eigene
Comic-Attraktion:*

Hier kommt die Maus:
WDR-Laden

Breite Straße,
Ecke Nord-Süd-Fahrt,
in den WDR Arkaden
50667 Köln

Vom "Maus"-Aufkleber über die "Maus"-Tasse" bis zur Riesen-"Maus" findest du hier alles, was dein "Maus"-Herz höher schlagen lässt.

Urlaub und Freizeit

Holiday Windsurfing

Rothgerberbach 2
50676 Köln

Hier kriegst du Rollerblades, Surfbretter für Kinder und vieles mehr, was im Urlaub und Freizeit sportliches Vergnügen schafft.

Nippes, Weidenpesch

GRÜNE FLECKEN ZUM SPIELEN

Pferderennbahn Weidenpesch

Rennbahnstraße 152
50737 Köln
(U 6, 12, 18 bis Haltestelle "Scheibenstraße")
Hier gibt's nicht nur Pferde, sondern auch viele, viele Grünflächen und Wald drumherum zum Spielen.

Das alte Eisenbahnausbesserungswerk

Kempener Straße/
Werkstattstraße
S 11, Haltestelle
Geldernstraße/Parkgürtel
Hört sich furchtbar an, ist aber mittlerweile eine grüne Oase und ein Paradies zum Spielen.
Hier kannst du tolle Entdeckungen machen.

Nippes, Weidenpesch

FÜR SPORTSKANONEN

Hallenbad Nippes

Friedrich-Karl Straße 64
50737 Köln-Nippes
Telefon: 74 40 70
Öffnungszeiten:
Dienstag und Donnerstag
6.30-20.30 Uhr,
Freitag 14-20.30 Uhr,
Samstag 8-15.30 Uhr und
Sonntag 8-11.30 Uhr

Bezirkssportanlage Weidenpesch

Scheibenstraße 13a
50737 Köln-Weidenpesch
Telefon: 74 15 92
Hier gibt's eine Skateboard-Anlage.
Bei schönem Wetter ist sie *ab 13.00*
Uhr geöffnet und kostet DM 4,- DM
pro Tag. Achtung: Helmpflicht!

Stadtteilbücherei Nippes
Blücherstraße 10
50737 Köln
Telefon: 776 13 06
Geöffnet ist Montag
bis Mittwoch von 13-19 Uhr,
Donnerstag von 10-19 Uhr
und Freitag von 10-16.30 Uhr
Hier kann man sich außer Büchern
auch Spiele ausleihen.

MÄRKTE

Nippeser Flohmarkt
Auf dem Wilhelmplatz findet jeden 4. Samstag im Monat von 11-18 Uhr ein Flohmarkt statt.

TREFFS

Bürgerzentrum Nippes
Steinbergerstraße 40
50733 Köln
Tel.: 221 95 26
Kinderprogramme stehen auch hier auf dem Programm. Veranstaltungen, Aufführungen und auch Trödelmärkte sind angesagt. Lass dir doch das Programm zuschicken.

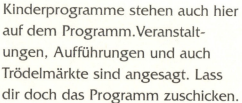

TOLLE LÄDEN

Puppenwerkstatt Harff
Wilhelmstraße 67
50733 Köln-Nippes
Hier kannst du deine lädierten Puppen zur Reparatur abgeben.

Oerder Spielkauf
Neusser Str. 422
50731 Köln
Tel.: 76 50 14
Hier gibt es viele Spiele, Spielzeug und auch Bastelbücher.

Ehrenfeld, Bickendorf, Braunsfeld

Ehrenfeld, Bickendorf, Braunsfeld

GRÜNE FLECKEN ZUM SPIELEN

Spielplatz Hansemannstraße
Ehrenfeld
Ein kleiner Spielplatz, aber trotzdem nett!

Blücherpark
Der Blücherpark liegt fast schon am Bilderstöckchen, hinter der Autobahn, oberhalb des Park-Gürtels. Hier hast du große Grünflächen zum Spielen, Toben und Feiern.

Takufeld
Subbelrather Straße/Äußere Kanalstraße/Takustraße
Da sind Wiesen zum Spielen und ein Fußballplatz.

Minigolfanlage Köln MC

Bezirkssportanlage Ehrenfeld
Öffnungszeiten:
wochentags von 16-20 Uhr und am
Wochenende von 14-20 Uhr

FÜR LESERATTEN

Stadtteilbücherei Braunsfeld

Aachenerstraße 485
50933 Köln
Telefon: 400 05 54

In einer extra Kinderabteilung
kannst du Spiele ausleihen oder
auch dort ausprobieren.
Offen ist: Montag bis Mittwoch
von 13-19 Uhr,
Donnerstag von 10-19 Uhr und
Freitag von 10-16.30 Uhr

Stadtteilbibliothek Ehrenfeld

Bezirksrathaus
Venloerstraße 419-421
50825 Köln
Telefon: 548 83 53

Auch hier kannst Du Spiele, CDs,
Videos und auch türkische Bücher
ausleihen. Die Öffnungszeiten sind
die gleichen wie in Braunsfeld.

Ehrenfeld, Bickendorf, Braunsfeld

TREFFS

Bürgerzentrum Ehrenfeld (BÜZE)

Venloer Straße 429
50825 Köln
Telefon: 54 21 11

Hier wird täglich was für Kinder geboten. Kindergruppen (6-10 Jahre), Hausaufgabenbetreuung, Kinderclub, Kinderdisco und jede Menge Kursangebote. Außerdem gibt's eine Mädchendisco für Mädchen ab 8 Jahren. Ein paarmal im Monat tritt das Kindertheater im BÜZE auf. Auch Filme werden häufig gezeigt. Ein Kinderflohmarkt wird auch hin und wieder organisiert. Wann der nächste stattfindet und was sonst noch so im BÜZE aktuell ist, erfährst du am besten, wenn du mal vorbeischaust. Hin kommst mit den Straßenbahnlinien 3 und 4, Richtung Bocklemünd, bis zur Haltestelle Venloer Straße/Gürtel. Von dort aus sind es dann zu Fuß 5 Minuten auf der Venloer Straße nach Ehrenfeld rein (stadtauswärts) um die Nummer 429, das BÜZE, zu entdecken.

TOLLE LÄDEN

Lypold's Modellbahnen

Venloerstraße 664
50827 Köln Ehrenfeld
Hier gibt es alles für die
Modelleisenbahn.

mobs

Maarweg 94
50933 Köln-Braunsfeld
Das ist Kölns größter Laden für
Modellautos und -motorräder.

MÄRKTE

Flohmarkt in Ehrenfeld

Äußere Kanalstraße/
vor dem Hallenbad
*An jedem 3. Sonntag im Monat
findet hier von 10.00-18.00 Uhr
ein Flohmarkt zum stöbern, handeln und kaufen statt.*

Ehrenfeld, Bickendorf, Braunsfeld

Kinderflohmarkt im Bürgerzentrum Ehrenfeld

Venloer Straße 429
50825 Köln

In unregelmäßigen Abständen wird hier ein Kinderflohmarkt organisiert. Wann der nächste stattfindest, erfährst du aus dem Veranstaltungskalender, den du im BÜZE erhältst.

Lindenthal, Sülz, Klettenberg, Müngersdorf

GRÜNE FLECKEN ZUM SPIELEN

Beethovenpark

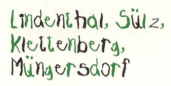

NeuenhoferAllee
Berrenrather Straße/Militärring
50937 Köln Klettenberg/Sülz
Hier gibt es nicht nur schöne Grünflächen, sondern auch einen super Spielplatz. Genau das Richtige um mal wieder zu toben!

Klettenbergpark

Luxemburger Straße/
Siebengebirgsallee
Hier gibt's einen kleinen Teich und einen Spielplatz, sehr schön gelegen und gemütlich.

Am Decksteiner Weiher

südlich des Beethovenparks, kann man sich im Sommer Bötchen mieten und im Winter- wenn es richtig gut gefroren hat - ist der Weiher eine tolle Schlittschuhbahn. Im Sportpark ist der Trainingsplatz vom 1.FC Köln und das Vereinsheim "Geißbockheim".

Lindenthal, Sülz, Klettenberg, Müngersdorf

Hinter dem Queenshotel
Dürenerstr. 287
Köln-Lindenthal
Auch hier kann man Boote mieten.

Vom Aachener Weiher
aus kann man mit dem Fahrrad den Kanal entlang nach Lindenthal in den Stadtwald fahren.
Im Stadtwald ist auch ein Tierpark mit Wildgehege.

FÜR SPORTSKANONEN

Freibad Stadion Müngersdorf
Aachener Straße
50933 Köln
Telefon: 498 32 59
Offen ist: Montag bis Freitag von 11-20 Uhr, Samstag und Sonntag von 9-20 Uhr

Miniaturgolf "Haus am See"
am Decksteiner Weiher
Bachemer Landstraße
50858 Köln-Lindenthal
Telefon: 43 43 21
Bei schönem Wetter kannst du hier den ganzen Tag minigolfen.

FÜR SPORTSKANONEN

Hallenbad Bickendorf

Venloerstr. 569
50827 Köln-Bickendorf
*Öffnungszeiten: Dienstag und
Donnerstag von 6.30-20.30 Uhr -
Donnerstag ist Warmwassertag -,
Mittwoch von 6.30-8Uhr,
Freitag von 6.30-8Uhr
und 14-20.30 Uhr,
Samstag von 8-15.30 Uhr und
Sonntag von 8-11.30 Uhr*

FÜR LESERATTEN

Stadtteilbücherei Sülz

Wichterichstraße 1
50937 Köln
Telefon: 221 97 28
Offen ist : *Montag bis Mittwoch
von 13-19 Uhr, Donnerstag
von 10-19 Uhr und
Freitag von 10-16.30 Uhr*
Auch hier kannst du schmökern
und Spiele ausleihen.

Raderberg, Zollstock, Raderthal

TOLLE LÄDEN

Mullemaus

(Second Hand)
Sülzburgerstraße 179
Köln-Sülz
Hier gibt es nicht nur Klamotten aus
2. Hand, sondern auch Spielsachen!

MÄRKTE

Im Stadion Müngersdorf finden ab
und zu Flohmärkte statt.
Die Termine findest du in den
Stadtzeitungen.

Raderberg, Zollstock, Raderthal

GRÜNE FLECKEN ZUM SPIELEN

Vorgebirgspark

Vorgebirgsstraße/Raderberggürtel
Entlang des Bischofsweges kann
man toll Versteckspielen. Da wächst
das Gras ganz hoch! Hier ist fast
noch richtige Wildnis.

Volkspark

Volksgartenstraße
Zwischen Kardorferstraße und
Militärring/Raderthal
Hier kannst du prima Fußball spielen, Feste feiern, Bötchen fahren oder auf dem Spielplatz turnen.

FÜR SPORTSKANONEN

Eines der schönsten Schwimmbäder findest du in Zollstock: Kombibad - das heißt: Hallenbad und Freibad in einem.

Zollstockbad

Raderthalgürtel 8-10
50968 Köln
Telefon: 38 18 35

Öffnungszeiten:
Montag, Dienstag,
Donnerstag von 6.30-21.30 Uhr,
Mittwoch von 6.30-8Uhr und
14-16 Uhr und am
Wochenende
von 8-16.30h

Mülheim, Kalk, Deutz

TOLLE LÄDEN

Kolb Sport

(Second Hand)
Raderberggürtel 1
50968 Köln-Raderberg
Du willst unbedingt Skater, aber die sind zu teuer? Kein Problem. Bei Kolb Sport gibt es Second Hand-Sportartikel auch im Verleih!

Stammheim
Mülheim

GRÜNE FLECKEN ZUM SPIELEN

Böckingpark

Mülheim
Böckingstraße/Düsseldorfer Ring
Hier locken große Grünflächen zum Spielen und Spielplätze.

FÜR SPORTSKANONEN

Genovevabad

Bergisch-Gladbacherstraße 67
51065 Köln -Mülheim
Telefon: 61 32 91

Öffnungszeiten: *Montag und Mittwoch von 6.30-20.30 Uhr, Freitag von 15-20.30 Uhr, Samstag von 8-15.30 Uhr und Sonntag von 8-11.30 Uhr*

TREFFS

Sozialgewerbliches Zentrum

Mülheimer Selbsthilfe
Teestube e.V.
Berliner Str. 77
51063 Köln (Mülheim)
Tel.: 64 41 01

Der besondere Hit dieses Bürgerzentrums sind die handwerklichen Kurse. Mit Holz, Ton und Papier kannst du basteln, was immer du dir vorstellst. Das nächste Programm kannst du unter der oben genannten Adresse bestellen.

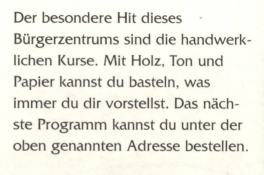

Mülheim, Kalk, Deutz

FÜR LESERATTEN

Stadtteilbücherei Mülheim
Im Riephagen 1
51069 Köln
Tel.: 680 10 31

Offen ist: *Montag, Dienstag und Donnerstag von 14-19 Uhr und Freitag von 10-16.30 Uhr*
Kinderbücher und Spiele findest du hier zum schmökern, ausprobieren und ausleihen.

Buchheim, Kalk

FÜR LESERATTEN

Stadtteilbücherei Kalk
Bezirksrathaus
Kalker Hauptstraße 247-273
51103 Köln
Telefon: 827 97 01

Offen ist: *Montag bis Mittwoch von 13-19 Uhr, Donnerstag von 10-19 Uhr und Freitag von 10-16.30 Uhr*
Hier kannst du nicht nur Spiele, sondern auch Videos ausleihen!

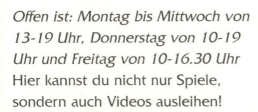

TREFFS

Bürgerhaus Kalk

Kalk-Mülheimer Straße 58
51103 Köln Kalk
Telefon: 987 60 20
Am 1. Sonntag im Monat um 11 Uhr gibt's Kino für Kids. Aber nicht nur das!

Von 10-16 Uhr kannst du auf einem Kindertrödelmarkt Sachen verkaufen, die du nicht mehr brauchst! Vielleicht hast du Klamotten, die dir nicht mehr passen, oder Spiele und Bücher, die du nicht mehr benutzt. Hier kannst du sie verkaufen und mit dem Gewinn vielleicht das neue Lieblingsbuch erstehen.

In unregelmäßigen Abständen finden auch Kinderfestivals und Kindertheater statt. Selbst ein Kochkurs für Kinder steht auf dem Programm. Um zu erfahren, wann was angeboten wird, ruf doch am besten mal an!

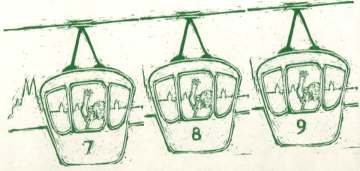

Mülheim, Kalk, Deutz

Deutz, Vingst

GRÜNE FLECKEN ZUM SPIELEN

Rheinpark

Kennedyufer (Messe)
Auenweg - Deutz
Grünflächen, Spielplatz zum Toben und Spielen oder auch ein Sonntag mit Picknickkorb. Der Rheinpark hat immer für deine Freizeitideen im Freien geöffnet!

Kölner Jugendpark

Sachsenbergstraße/Zoobrücke
Hier ist allerhand los! Direkt vor dem Messegelände werden hier viele Freizeitaktivitäten für Kinder und Jugendliche geboten.

FÜR SPORTSKANONEN

Freibad Vingst

Vingsterring
51107 Köln-Vingst
Telefon: 87 18 22
Offen ist in den Sommermonaten:
Montag bis Freitag von 11-19 Uhr, am Wochenende von 10-19 Uhr

MÄRKTE

Im Jugendpark

finden ab und zu auch Kinderflohmärkte statt. Wann, erfährst du im Programm des Jugendparks (siehe Kapitel 4).

TREFFS
Tanzbrunnen

Rheinparkweg 1
50679 Köln
Tel.: 88 10 82
Hier finden im Sommer viele Veranstaltungen statt. Ein schönes Eckchen am Rheinufer. Herr van Wegen gibt dir nähere Auskünfte darüber, wann was los ist.
Telefon: 88 73 84

Bürgerzentrum Deutz

Tempelstraße 41
50697 Köln
Tel.: 221 90 59
Auch hier wird viel angeboten. Neben Veranstaltungen für Kids gibt es auch ein spezielles Kinder-Kursangebot, zum Zeichnen, Töpfern und vieles mehr.
Ruf doch mal an oder laß dir den Veranstaltungskalender zuschicken.

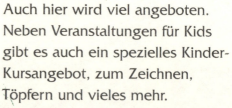

Rodenkirchen, Porz

Rodenkirchen, Porz

GRÜNE FLECKEN ZUM SPIELEN

Forstbotanischer Garten

Zum Forstbotanischen Garten
50996 Köln-Rodenkirchen
Spielplatz und Führungen locken in
das Pflanzenparadies Rodenkirchens
Ruf doch mal an, Tel.: 35 43 25

Zwischen Rodenkirchen und Porz
findest du entlang des Rheinufers
wunderschöne Grünflächen zum
Spielen und natürlich auch einen
tollen Spielplatz!

FÜR SPORTSKANONEN

Hallenbad Wahn

Albert-Schweitzer Straße
51147 Köln-Porz
Tel.: 0 22 03 / 618 11
Offen ist: *Dienstag, Mittwoch,
Freitag von 6.30-21.30 Uhr,
Donnerstag von 6.30-8 Uhr,
Samstag und Sonntag
von 8-16.30 Uhr*
Hier kannst du nicht nur
schwimmen, sondern auch in die
Sauna gehen. Schon mal probiert?

Kombibad Zündorf

Trankgasse/Groov
0 22 03 / 813 22
Offen ist:
Montag von 15-21.30 Uhr,
Dienstag, Donnerstag, Freitag von
6.30-21.30h Uhr, Samstag und
Sonntag von 8-16.30 Uhr

Wie bei den meisten Schwimmbädern musst du hier beachten, dass eine Stunde vorher Einlassschluss ist.

Hallenbad Rodenkirchen

Mainstraße 67
50996 Köln
Telefon: 39 26 80
Offen ist: Dienstag von 6.30-8.00
und 15.00-21.30 Uhr, Mittwoch
und Freitag von 6.30-20.30 Uhr,

Donnerstag von 6.30- 8.00 Uhr,
Samstag von 8.00-16.30 Uhr und
Sonntag von 8.00-12.30 Uhr
Internationale Minigolf-Sportanlage der Freizeitinsel Groov / Am Markt / Köln Porz-Zündorf

Rodenkirchen, Porz

In Marienburg findest du sogar einen richtigen Golfplatz, wo auch Kinder spielen dürfen. Endlich mal richtig gegen den Ball hauen!

FÜR LESERATTEN

Stadtteilbücherei Porz

211

Friedrich-Ebert-Ufer 64-70
51143 Köln
Telefon: 0 22 02 / 413 82
Offen ist:
*Montag von 14-18.30 Uhr,
Dienstag bis Donnerstag
von 10-13 Uhr und 14-18.30 Uhr
und Freitag von 10-16.30 Uhr*
Es gibt Spiele, die du dort spielen kannst und Videos zum ausleihen.

Stadtteilbücherei Rodenkirchen

Schillingsrotter Straße 38a
50966 Köln
Telefon: 359 13 70
Offen ist: *Montag, Dienstag, Donnerstag von 14.00-19.00 Uhr, und Freitag von 10.00-16.30 Uhr*
Hier gibt's einen eigenen Kinderraum zum Spielen.

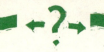

6. KAPITEL: Praktische Tips

In Köln ist immer was los

Wie du in den vorigen Kapiteln gelesen und gesehen hast, ist in Köln ganz schön viel los. Nicht nur Geschichte und Geschichten gestalten den Kölner Alltag, sondern auch ein breites Angebot an Freizeit-, Sport-, Kunst-, und Bildungsange-boten. Manchmal fällt es schon schwer, da noch den Überblick zu behalten. Dein Kinderstadtführer hilft dir dabei, aber was gerade heute in Köln los ist, kann er dir auch nicht sagen.

Wenn du das genau wissen möchtest, gibt es dafür einfache Lösungen: In den Stadtmagazinen "Stadt-Revue", "Prinz", "Kölner Illustrierte" oder

"Wir in Köln" kannst du die aktuellen Programme einsehen. Oder du machst dich täglich durch die Tageszeitungen "Kölner Rundschau" oder "Kölner Stadtanzeiger" schlau, da findest du das topaktuelle Programm.

Tips, Tips, Tips

Zusätzlich gibt es auch noch das "Äktschen-Telefon". Unter der Telefonnummer **221 55 55** erfährst du, was alles in Köln gerade läuft: von Spielaktionen, Trödelmärkten bis zu Ferienangeboten!

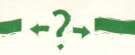

Köln ist eine riesig große Stadt

Dein Kinderstadtführer erweckt nicht nur dein Interesse für das WAS in Köln los ist, sondern auch WO! Köln ist eine große Stadt und manchmal ist es gar nicht leicht, sich zurecht zu finden. Aber auch für dieses Problem gibt es eine einfache Lösung: der "Stappl".

Der "Stappl" ist der Kinderstadtplan, mit dem du spielerisch die Orientierung durch die Stadt Köln selbst lernst. Ja, den "Stappl" erarbeitest du dir nämlich selbst auf einem skizzierten Plan, wo du auch den alten roten Volkswagen von den Nachbarn, der immer auf der Ecke steht, reinmalen kannst.

Du kannst dir deinen "Stappl" im Buchladen kaufen und vom täglichen Weg bis zur Reise

Tips, Tips, Tips

durchs große Köln begleitet dich dein eigener, ganz persönlich gestalteter Stadtplan, der dich eigene Wege wiederfinden läßt.

Und warum ist in meiner Straße kein Spielplatz?

Wenn du nun weißt, wann und wo etwas geboten wird, stellt sich dir bestimmt auch bald die Frage, warum dort und nicht hier ?
Die Stadt Köln hat - bisher noch als einzige Stadt Deutschlands - ein **Amt für Kinderinteressen**, wo es um deine Vorstellungen und Wünsche geht. Dieses Amt ist im Johannishaus, in der Johannisstr. 66-80 in 50668 Köln und du kannst dort unter der Tel. Nr. 221 47 49 anrufen.

Das Amt für Kinderinteressen bietet dir viele Möglichkeiten an der Gestaltung deiner Stadt teilzunehmen. Da gibt es zum Beispiel das Projekt "Kinder planen mit".
In ihm kannst du mitwirken, um dein Wohnumfeld attraktiver zu gestalten. Außerdem findet im Rahmen dieses Programms auch manchmal ein Wettbewerb statt! Erkundige dich und mach mit!

Telefon:
> **221 54 29**
> **221 55 67**
> **221 41 45**

Tips, Tips, Tips

Mit zwei verschiedenen Fahrzeugen fährt das Amt für Kinderinteressen auch einen "rollenden Spielplatz", JUPPI genannt, durch die Straßen von Köln. Wann er bei dir ist, kannst du unter den folgenden Telefonnummern erfahren:

221 55 70
221 39 87

Außerdem kannst du auch Spielcontainer ausleihen, die mit vielen, tollen Spielsachen ausgestattet sind. Gute Idee für den nächsten Kindergeburtstag! Telefon:

221 41 45
221 47 49

Und dann bietet das Amt auch noch die "Rathausschule" an. Die ist super interessant. Dabei lernst du, was, wieso und wie im Kölner Rathaus die Politiker besprechen, bearbeiten und planen, wie die Stadt Köln verwaltet und regiert wird. du kannst auch mit den Mitgliedern des Rates reden und deine Ideen vorbringen. Nähere Informationen erhältst du unter der Telefonnummer:

221 29 28

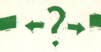

Mit dem **Kölner Kindertelefon** stellt das Amt für Kinderinteressen den heißen Draht zu dir bereit. Wenn du Probleme hast, wenn du Rat brauchst oder grad allein bist, aber unbedingt mit jemanden sprechen möchtest oder was auch immer dein Anliegen ist, dann wähle die Nummer

221 40 50

Dir wird bestimmt geholfen!

Und nicht nur um ernste Angelegenheiten kümmert sich das Amt für Kinderinteressen. Im Sommer bringen sie auch die "Köln-Ferien-Zeitung" heraus, in der du den vollen Überblick über alles erhältst, was in den Ferien für dich los ist. Telefon :

221 55 70
221 29 30

Prima, das Amt für Kinderinteressen!

Tips, Tips, Tips

WIE KOMME ICH VON WO NACH WO?

Um zu Fuß durch dein Veedel oder das deiner Freunde zu laufen, kannst du ja deinen Kölner Kinderstadtplan "Stappl" zu Rate ziehen. Damit gehst du nicht verloren. Auch wenn du mit dem Fahrrad unterwegs bist, kann dein Stadtplan dir weiterhelfen.

Aber manchmal musst du ja auch weitere Strecken zurücklegen. Dann kannst du die öffentlichen Verkehrsmittel benutzen. Dazu gehören die U-Bahn und/oder Straßenbahnen, die Busse, die S-Bahn, ja der ganze Eisenbahnverkehr. Die öffentlichen Verkehrsmittel fahren festgelegte Strecken, immer hin und zurück, in bestimmten Zeitabständen. Die Unterschiedlichen Strecken sind durch Liniennummern gekennzeichnet. Jede Linie hält an mehreren Haltestellen.

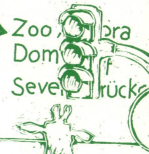

An den Haltestellen sind Fahrpläne. Da steht drauf, wann die Busse und Bahnen wohin abfahren und wann sie wo ankommen. Um dich da durch zu finden, brauchst du schon etwas Erfahrung.

Bei deinen ersten Ausflügen solltest du dir jemanden mitnehmen, der sich auskennt und dir alle wichtigen Informationen genau erklärt. Am besten du ziehst mit jemanden los, der sich gut auskennt und Erfahrung bei der Nutzung der öffentlichen Verkehrsmittel hat: der kann dir dann auch schon ein paar Tricks sagen!

Dazu gehört, wie man einen Fahrplan liest, wie man erkennt, welche Bahn auf welchem Gleis steht, wie man herausfindet, an welcher Station man aussteigen will, wie man weiß, dass man an der richtigen Station angekommen ist und wie es dann weiter geht!
Und: ob du umsteigen musst, um zu deinem Ziel zu gelangen, wie du das herausfindest und wie das geht! Und...und...und...
Ganz schön kompliziert, aber Übung macht den Meister!

Tips, Tips, Tips

Frag doch mal deine Eltern oder ältere Freunde, ob sie dich durch den spannenden Dschungel der U- und S-Bahnen führen!

Was du auf jeden Fall wissen solltest, ist, dass die Busse und Bahnen in Köln zur KVB, den Kölner Verkehrsbetrieben gehören. Du erkennst die Fahrzeuge an ihrem KVB-Aufkleber oder KVB-Zeichen in den rot-weißen Stadtfarben.

221

Kinder unter 4 Jahren fahren umsonst mit der KVB. Für ältere Kinder gibt es extra Kindertarife. Je nach Zone und Dauer der Reise sind Fahrkarten unterschiedlich teuer. Wenn du aber in Begleitung eines Erwachsenen durch Köln fährst, brauchst du bis zum 11. Lebensjahr meist gar nichts zu zahlen. Genaue Auskunft über Tarife, Strecken und Tagesangebote erhältst du bei der KVB, Scheidtweilerstr. 38, 50933 Köln. Telefonauskunft: 547 33 33.

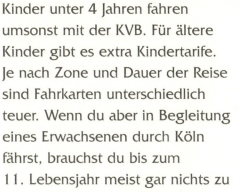

In vielen Stadtteilen gibt es auch Fahrgastzentren, da lohnt es sich vorbei zu gehen, die haben oft eine besondere Überraschung für dich! Versuch es doch mal am Neumarkt, Telefonauskunft 547 46 46.

Was tun, wenn ich mich verlaufen habe?

Wenn du deinen "Stappl" mit dir trägst kannst du dich eigentlich nicht verlaufen. Hast du ihn vergessen, bist aber schon fit im Stadtplanlesen, hast du es auch recht einfach, denn an vielen Straßenecken stehen Stadtpläne, auf denen du erkennen kannst, wo du gerade bist.

Ansonsten gehst du in den nächsten Laden und fragst nach. Am besten, du hast deine Adresse immer dabei (auf einem Zettel oder im Kopf). In den U-Bahnstationen hilft man dir bestimmt auch weiter. Und auf den Gleisen steht immer die Richtung, in die die U-Bahn fährt.

Tips, Tips, Tips

Wenn du gar nicht mehr weiter weißt, fahren Taxifahrer dich sogar nach Hause, wenn du sagst, dass deine Eltern oder jemand anderes die Fahrt zahlen.

Am besten du hast bei deinen Touren immer eine Telefonkarte und ein Heftchen mit den wichtigen Telefonnummern dabei: von zuhause, von der Arbeitsstelle deiner Eltern, von Freunden, von Verwandten, die

221 20 26

Amt für Kinderinteressen, und

221 40 50

von Jule, die Junge Leitung, offen für alle ungeklärten Fragen!

Was tun, wenn ich was verloren habe?

Das kann immer mal passieren, dass du etwas in der Bahn oder sonstwo liegen lässt. Wenn du sicher bist, daß du es nicht im Museum, Kino oder anderen Orten, die du telefonisch erreichen kannst, verloren hast, dann kannst du es bei folgenden beiden Fundbüros versuchen:

Fundbüros:

der KVB
Scheidtweilerstraße 38
Telefon: 547 36 71
50933 Köln

der Stadt
Herkulesstraße 42
Telefon: 221 63 12

Tips, Tips, Tips

Was tun, wenn ich Sorgen habe ?

Wenn es dir nicht gut geht und du Kummer hast, über den du mit deinen Eltern, Freunden und Verwandten nicht reden kannst oder willst, wenn du gar nicht mehr weiter weißt und niemand für dich da ist, dann kannst du bei folgenden Nummern anrufen. Die können dich nicht nur trösten, sondern dir auch praktisch helfen:

225

Amt für Kinderinteressen:

221 20 26

Kölner Kindertelefon Jule,:

221-4050

Sprechzeiten sind *montags bis freitags von 8 bis 16 Uhr und samstags von 8 bis 12 Uhr.* Außerhalb dieser Zeiten kannst du Nachricht auf dem Anrufbeantworter hinterlassen, wenn du willst, meldet Jule sich zurück. Kinderschutzbund Kinder-u.Jugendtelefon:

111 03

Jugendhaus-Notdienst:

221 40 78

Kölsch von A-Z

Der richtige Kölner spricht kölsch und kann auch stolz darauf sein! Die kölsche Mundart hat eine lange Tradition und es ist manchmal gar nicht leicht zu verstehen! Viel Spaß beim kleinen Kinder-Kölsch-Alphabet:

wie Alaaf
"Kölle Alaaf" kennst du bestimmt vom Karneval. Früher war "Kölle Alaaf" ein Schlachtruf, wenn die Kölner in den Krieg zogen oder einfach ein Trink- und Lobgesang auf Köln. Es heißt so viel wie "Köln soll hochleben - nichts geht über Köln".

wie Bütt
Ursprünglich war Bütt der Ausdruck für Badewanne oder Wäschezuber. Heute versteht man darunter die meist originell gestalteten Rednerpulte im Karneval, von denen die lustigen "Büttenreden" gehalten werden.

wie Colonius
C gibt es im Kölschen zwar nicht als Anfangsbuchstaben! Trotzdem wurde der Fernsehturm mit "C" getauft, nämlich Colonius!

Kölsch von A-Z

wie Dusel, Düsel, Düselche

Eigentlich hieß "dusel" so viel wie töricht. Dann bedeutete es "Schwindel", daraus wurde "Schlaf" und wenn du heute hörst, dass einer sagt "Dä hatt widder ens Dusel jehat", dann heißt das: Der hat wieder ein Glück gehabt. Und wenn zu dir einmal jemand sagt "Dat Düselche", meint er, du wärst ein besonders nettes Kind!

wie "eröm"

bedeutet herum. Als Vorsilbe benutzt, lassen sich viele Wörter bilden wie : erömjöcke - überall herumstreifen, erömrose - herumrasen, erömdanze - herumtanzen, also einem "op de Nas erömdanze", erömjon - im Kreis rumlaufen, erömmatsche - im Schlamm spielen ... und so weiter. Fallen dir noch mehr "eröm..."-Wörter ein?

wie fimme

Fimme ist der Kölsche Ausdruck für Ohrfeige!

wie ...

gibt es im Kölschen als Anfangsbuchstaben nicht, "g" am Anfang wird immer wie "j" ausgesprochen, nur in der Wortmitte findest du den Laut "g" wie bei rigge (reiten) oder schnigge (schneiden)!

Kölsches "G": Jeck, jeck, Jeckerei, Jeckheit und Jeckzellenz. Als "Jeck" wurden früher verrückte, launische oder närrisch verliebte Menschen bezeichnet. Heute verstehen wir unter "Jecken" meist die Karnevalsgecken, die lustigen Narren, die zu jeder "Jeckerei", zu jedem Spaß und "Jeckheit", also Narrheit, aufgelegt sind. Mit "Jeckzellenzen" begrüßen Büttenredner gerne die Vorsitzenden der Karnevalsvereine.

wie Halver Hahn
Wenn du in einem Kölschen Restaurant einen "Halven Hahn" bestellst, bekommst du nicht etwa einen halben Hahn, sondern ein Käsebrötchen: eine dicke Scheibe Holländer Käse und ein Röggelchen. Am besten ist der "Halve Hahn met Kompott", also mit Senf, da schmeckt er besonders jot!

wie I-a-Köttela
Das seid ihr, wenn ihr gerade eingeschult seid. Denn so nennt man die Schulanfänger in Köln.

wie jöcke, jöckte, jejöck
heißt eigentlich jucken, aber auch treiben, verschwenden oder quälen.

Meist wird das Wort aber im Sinn von "schnell eilen" oder "fahren" gebraucht. Frag doch mal deine Eltern: "Wo jöcke mer denn hück hin?"

wie Kammellche, "Kamelle" oder "Kammellche"
rufen die Kölschen Kinder beim Rosenmontagszug den Wagen zu. "Kamelle werfe", sagt die "Klaaf" - so nennt sich auch die Kölsche Mundart - ist ein alter Brauch im kölschen Karneval.

wie "Kloskälche" So heißen die Kölschen Weckmänner mit eingebackener Tonpfeife, die es zum Nikolausfest gibt.

wie Leckerjots
Leckerjots, ein Zauberwort für Kinder: Süßigkeiten!

wie Munzenmändelche
"Munzenmändelche" heißen die süßen, mandelförmigen Teigwaren, die es zum kölschen Karneval gibt.

wie Nesshöckche
"Nesshöckche" ist das Kölsche Wort für Nesthäkchen, also das jüngste Kind in der Familie.

wie Ooßekopp
"Ooßekopp" bedeutet Ochsenkopf oder zu gut deutsch: Dummkopf. "Ooßekopp" kannst du ruhig dem sagen, der zum Beispiel nicht weiß, daß "Ottekolong" Kölnisch Wasser bedeutet. Ein Versuch ist's wert!

wie Pänz
"Pänz" hieß früher eigentlich "freches Kind", wird heute aber fast schon als Kosewort für alle Kinder gebraucht.

wie Rievkooche
Rievkooche sind Reibekuchen. So nennt man in Köln die Kartoffelplätzchen mit Zwiebeln, die in ganz heißem Fett frittiert werden. Man isst sie meistens mit Apfelmus. Vielleicht könnt ihr sie zu Hause mal selbst machen! Das ist zwar viel Arbeit, aber sie lohnt sich. Mmmmh!! Lecker!!

wie Schnüpper
"Schnüpper" nennen die Kölner eine naschhafte Person, also jemand, der gerne "Schnuppereien", Süßes isst!

wie Tünnes un Schäl
"Tünnes un Schäl" heißt das unzertrennliche Brüderpaar, das mit frechen Witzen stellvertretend für

den Kölner Humor steht. Schäl zeigt sich oft als der etwas klügere von Beiden mit seinem ironischen Witz, während Tünnes eher als gutmütiger, harmloser und lustiger Kerl gilt. Und, erinnerst du dich? Nicht weit vom Heinzelmännchenbrunnen stehen die Witzfiguren Tünnes und Schäl. Streich mal dem Tünnes über die dicke Nase! - das soll Glück bringen. Was glaubst du? Ob sich die beiden wohl gerade einen Witz erzählen?

wie Verzällcher

Das sind kleine Geschichten. Verzällen heißt erzählen. Deshalb hört man auch oft in Köln ein ungläubiges "Verzäll nix!", wenn man eine Geschichte nicht glaubt, die einem gerade verzällt wurde.

wie Wieverfasteloovend

"Wieberfasteloovend" oder Altweiberfastnacht nennt man den Donnerstag vor Rosenmontag, mit dem die 5 "tollen" Karnevalstage beginnen. Am Donnerstag haben Mädchen und Frauen die Macht, an jedem Ort, in jeder Beziehung!

Z wie Zabbelfink

"Zabbelfink" ist der Name für ein unruhiges, zappelndes Kind.

Wichtige Adressen und Telefonnummern

 Amt für Kinderinteresssen, Johannisstr. 66-80, 50668 Köln. Tel.: 221 21 48.
Äktschen-Telefon" Tel.: 221 55 55
Auskunft: Telefon: 011 88
 Bühnen der Stadt Köln, Kasse Puppenspiele, Offenbachplatz 5, 50667 Köln, Tel.: 258 12 01
Campingplätze, Privater Familienzeltplatz, Weidenweg 100, Köln-Poll. Tel. 83 64 27
 Deutsche Bahn AG Köln, Konrad-Adenauer-Ufer 3, 50667 Köln. Tel. Auskunft: 1 94 19
 Eis- und Schwimmstadion, Lentstraße 30, 50668 Köln. Tel.: 72 60 26
Flughafen Köln/Bonn Konrad-Adenauer, Tel.: 02203 / 40010
 Fundbüros: Der Stadt: Herkulesstr. 42, 50823 Köln, Tel.: 221 63 12, Der KVB: Scheidtweilerstr. 38, 50933 Köln. Tel.: 547 36 72
 Hänneschen-Theater, Eisenmarkt 2-4, 50667 Köln. Tel.: 258 12 01
Jule, die Junge Leitung, das Kölner Kindertelefon: 221 40 50
 Kinderschutz-Zentrum, Spichernstraße 55, 50672 Köln, Tel.: 1 11 03
 Kölner Karneval, Festkomitee, Antwerpener Str. 55, 50672 Köln. Tel.: 57 40 00

Adressen

Museumsdienst Köln, Schaevenstraße 1b, 50676 Köln, Tel. 221 40 76.

Philharmonie, Bischofsgartenstraße 1, 50667 Köln. Tel. 20 40 80

Polizei, Kreispolizeibehörde der Stadt Köln, Waidmarkt 1, Polizeipräsidium, 50676 Köln. Tel.: 22 91, Notruf 110

Schokoladenmuseum, Imhoff-Stollwerck-Museum für Geschichte und Gegenwart der Schokolade, Rheinauhafen 1a, 50678 Köln, Tel.: 93 18 88 11

Stadt Köln, Rat und Verwaltung Rathaus, Rathausplatz, 50667 Köln, Tel. 221 0

Stunksitzung, Brücker Mauspfad 503, 51109 Köln, Tel: 84 04 98 / 95 44 88 13 / 96 27 90

Theaterpädagogisches Zentrum Köln e.V. (TPZ), Genter Straße 23, 50672 Köln. Tel: 52 63 04

Volkssternwarte, Schillergymnasium, Nikolausstraße 55, 50937 Köln, Tel.: 41 54 67

Wasserwerk, 50765 Köln Volkhoven-Weiler, Tel. 178 33 11

Westdeutscher Rundfunk Köln (WDR), Appellhofplatz 1, 50667 Köln. Tel.: 220-0

Zoologischer Garten, Riehler Str. 173 in 50735 Köln, Tel.: 778 51 22.

Bücher für Kinder

Tolle Bücher für Kinder, die mehr in oder über Köln wissen wollen:

Museumsführer

Kunst für Kinder. Entdeckungsreise durch ein Kunstmuseum, hrsg. v. Verein der Freunde des Wallraf-Richartz Museums und Museums Ludwig e.V. und vom Museumsdienst Köln, Köln: Wienand, 2. überarbeitete Auflage 1994. Erhältlich am Bücherstand des Wallraf-Richartz-Museums/Museum Ludwig und im Buchhandel. Ein außergewöhnlich spannender und schöner Museumsführer für dich.

Büchertips

E. Mick
Stefan Lochner. Kinderführer zur Ausstellung im Wallraf-Richartz-Museum, Köln 1993. Erhältlich am Bücherstand des Wallraf-Richartz-Museums/Museum Ludwig und über die Verwaltung der Museen beziehbar.

R. Friedländer, A. Metzner
Mein Schnütgen-Museum, Kinderkatalog, 1981. Bestellbar bei der Verwaltung der Museen.

E. Mick:
Auf den Spuren Kölner Geschichte Das Kölner Wappen, Köln 1995. Erhältlich an der Museumskasse des Kölnischen Stadtmuseums.

A. Jaschok-Kroth
Bei Indianern und Eskimos
Forschungsreisen in Nordamerika mit Bildern aus dem Rautenstrauch-Joest-Museum für Völkerkunde. Köln: Locher, 1996. Erhältlich am Bücherstand des Rautenstrauch-Joest-Museums und im Buchhandel.

Bücher über den Kölner Dom

**Hofmann, Friedhelm und
Inge und Arved von der Ropp**.
Abenteuer Kölner Dom,
Regensburg, 1995

**Langel, Martina
Kinder besuchen den Kölner Dom**
Köln, 1988

**MacDonald, Fiona und John James
Eine Kathedrale im Mittelalter**
Nürnberg, 1992. Dieses Buch erhielt den Deutschen Jugendliteraturpreis und gibt mit sehr guten Bildern, klarem Text sowie einem Glossar Antwort auf die Frage, wie im Mittelalter Kathedralen erbaut wurden und die Menschen lebten.

**Macauly, David
Sie bauten eine Kathedrale**
München, 1995. Das Buch stellt anschaulich dar, wie der Bau einer gotischen Kathedrale im Mittelalter bewältigt wurde. Der Autor bespricht Werkzeuge, Baumaterial und Konstruktionsmethoden. Ein wunderbares Buch.

 **Büchertips**

Bücher über die Römer

**Bombarde, Odile
und Claude Moatti**
Wie lebten die Römer?
Ravensburg, 1987

Millard, Anne
Das war Rom
Ravensburg, 1982
Beide Bücher bieten kurze und verständliche Informationen über das alte Rom mit Bildern und Karten für Kinder.

Glunk, Fritz R.
Das alte Rom
Reihe: Frag mich was, Band 14.
Bindlach, 1993. Ein Buch, das in Frage und Antwort mit schönen Bildern und Karten über Politik, Alltag und Familienleben im alten Rom informiert.

Kölner Lese- und Geschichtenbücher für Kinder:

Tilman Röhrig
"Eine wirklich wahre Weihnacht",
eine Kölner Weihnachtsgeschichte,
Wienand-Verlag, Köln 1993.

August Kopisch
Die Heinzelmännchen zu Köln
insel taschenbuch.

Köln allgemein

**Ulrike Heller, Christian Hülsmeier
Gabriele Schwietering
Das große Köln für kleine Leute**
Das ganze Angebot für Kinder in Köln. Inzwischen 8,5 tausend mal verkauft. Ein Klassiker!
Band II; Köln von 4-14
ISBN: 3-930446-18-9

**Silke Schmelzer, Esther Caterine
„stappl" Kinderstadtplan Köln**
Die Möglichkeiten, den eigenen Lebensraum auf eigene Faust zu entdecken, sind für Stadtkinder oft begrenzt. Dabei ist das selbstständige Kennenlernen der nächsten Umgebung spannend und interessant.

„stappl" ist für Kinder im Alter von 6-12 Jahren gemacht. Deine eigenen Orientierungspunkte, wie zum Beispiel Baustellen und eigene Entdeckungen -wie besonders schöne Spielplätze, das Lieblingskiosk, Wohnungen der Freunde, der beste Weg zum Schwimmbad etc.- können mit Farbe in den Stadtplan eingezeichnet oder mit Aufklebern gekennzeichnet und somit hervorgehoben werden.

Büchertips

Die Rückseiten der Pläne sind durch Symbole gekennzeichnet die auch im **„kölner kinderstadtführer"** zu finden sind.

Christian Hülsmeier
Mit Kindern in Köln -
100 beste Tips

Auf Entdeckungstour in der Großstadt? Köln als Ausflugsziel für die ganze Familie? Klar!
Mit Kindern in Köln -
100 beste Tips bietet schnell den nötigen Überblick über die geignetsten Sehenswürdigkeiten für Kinder, die schönsten Spielplätze, Verschnaufpausen in kinderfreundlichen Restaurants, originelles Einkaufen, Kinder- und Familienprogramme in Kölner Museen und nicht zuletzt die Termine für die Kölner Highlights wie Zirkus Roncalli, Zooveranstaltungen, Weihnachtsmärkte, WDR-Führungen und, und, und. Damit es nicht doch noch enttäuschte Gesichter gibt: Telefonnummern, Öffnungszeiten, Preise sind immer aktuell.

Ursula Klinkhammer
Laternen, Krippen, Königskuchen
Weihnachtszeit mit Kindern in Köln
Das ist der Familienführer zur Weihnachtszeit in Köln. Er enthält Kölner Geschichte und Geschichten ebenso wie vorweihnachtliche Basteltips, ist volkskundlichen Fragestellungen nach dem Ursprung des Barbarazweiges ebenso auf der Spur wie den professionellsten Nikoläusen in der Stadt. Er bietet ausgearbeitete Familienausflüge zu den schönsten Kölner Krippen, weist auf Weihnachtsmärchen und weihnachtliche Museumsaktionen hin und lässt auch die komerzielle Seite nicht ganz links liegen: Weihnachtsmärkte, Krippenbedarf, Kinderbetreuung während des Weihnachtseinkauf.
Köln, Stadtwege

Ulrike Walden, Wolfgang Oelser
Erlebnis Köln
Köln, Bachem 1996

Hans und Hildegard Limmer
Geh mit durch Köln
Köln, Wienand, 1994

Büchertips

Bilderbücher

Ralf Günther, Gail Howard
Eine kleine Kölner Kindergeschichte
mit einer Zeithexe, einer Stadtmauer, einem Kax, einem Bettelkönig, vielen, vielen Sternen und keinem Fernseher
Köln, Emons, 1993

Ralf Günther, Gail Howard
Eine kleine Kölner Weihnachtsgeschichte
mit einer Zeithexe, zwei Kindern, zwei Teddybären, einem Bettelkönig, vielen, vielen Sternen
und keinem Hund
Köln, Emons, 1993

Glunk, Fritz R.
Das alte Rom
Reihe: Frag mich was, Band 14. Bindlach, 1993. Ein Buch, das in Frage und Antwort mit schönen Bildern und Karten über Politik, Alltag und Familienleben im alten Rom informiert.

ZUM AUSMALEN

Eure Seiten

Eure Seiten

Eure Seiten

Eure Seiten